한국고대사 최대 쟁점
백제 요서경략 遠西經略

한국고대사 최대 쟁점

백제 요서경략
遼西經略

이도학 지음

서경문화사

머리말

1

백제의 요서경략은 중·고등학교 국사 교과서에 수록될 정도로 유명한 역사적 사건이었다. 그렇지만 학계에서는 쟁점화했다가 현재는 슬그머니 자취를 감추고 있다. '說'이라는 꼬리표가 붙었던 학설 아닌 학설이 요서경략론이었다. 백제가 랴오허遼河의 서쪽 요서 지역을 경략 즉 차지하여 다스린 사건은 중국 正史에 보인다. 488년에 편찬한 『송서』를 필두로 史書에서는 요서경략 기사가 이어졌다. 그런데 요서경략 기사는 前史를 그대로 全寫한 것은 아니었다. 시점과 내용이 보태지거나 위치에 대한 구체적인 진술까지 덧붙여졌다. 이 사실은 요서경략이 지나간 화석이 아니라 살아 있는 유기체였음을 반증한다.

2

백제 개로왕은 5세기 중엽 劉宋에 사신을 보내 자신과 신하들의 官爵 除授를 요청했다. 당시 백제는 고구려의 남진 압박에 시달리고 있었다. 그리고 개로왕은 피의 숙청을 통해 강력한 왕족 중심의 친위체제를 구축하고자 했다. 개로왕은 자국의 위상을 올려 높은 품계를 제수받음으로써 자신의 정치적 위상도 높이고자 하였다. 이와 관련해 개로왕은 유송과 연대하여 北敵인 북위와 고구려에 공동 대응할 수 있는 소재를 찾았다. 개로왕은 유송의 현안인 북위의 위협 타개와 더불어, 北伐의 공동운명체가 될 수 있는 근거를 제시했다.

동진 말의 혼란기에 백제는 요서 지역에 진출하여 郡을 설치해 통치하고 있음을 알렸다. 이렇게 되면 북위는 백제와 유송의 共敵인 것이다. 백제와 유송이 연대할 수 있는 명분과 근거가 마련되었다. 이로 인하여 백제의 요서경략은 중국 사서로서는 처음으로『송서』에 수록될 수 있었다.

3

백제의 요서경략은 정치적 목적에서 창출된 것은 아니었다. 실체가 없는 '만들어진 역사'였다면, 후대 사서는『송서』의 기사를 답습만 했을 것이다. 이와 관련한 첫 기록인『송서』에서는 "그 후 고려가 요동을 차지하자 백제는 요서를 차지했다. 백제가 다스리는 곳을 진평군 진평현이라고 했다"고 하였다. 여기서는 고려 즉 고구려가 차지한 요동의 구체적인 지역 명시가 없다.『송서』에 이어 두 번째로 요서경략을 게재한「양직공도」에서는 고구려가 요동에서 공격한 대상을 '낙랑'이라고 했다. 고구려는 평양에서 요동으로 이동한 낙랑을 차지한 것이다. 「양직공도」는 『송서』의 빈 부분, 즉 고구려의 경략 대상을 채워주었다. 그러나 백제가 요서에서 차지한 곳은 『송서』와 달라지지 않았다. 그랬기에 「양직공도」에서는 『송서』의 진평현을 그대로 기록하였다.

그런데 대다수 연구자들은 「양직공도」의 "晋末駒麗略有遼東樂浪亦有遼西晋平縣"라는 구절에서 처음 보이는 '낙랑'을 주어로 삼았다. 낙랑을 요서 진평현 설치의 주체로 간주하였다. 이렇게 하면 "晉末에 고구려가 요동을 차지하자, 낙랑 역시 요서의 진평현을 차지했다"는 해석이 나온다. 그러나 本地에서 쫓겨나 그것도, 요동도 아니고 상징성만 있는 요서에서 페이퍼 컴퍼니 僑郡에 불과한 낙랑이 요서 일부 지역을 점령한다는 것은 꿈결 속에서나 가능하다. 게다가 「양직공도」百濟國記에는 백제와 낙랑이 等値라는 전제가 없다. 오히려 '亦'이라고 하여 고구려와 同値임을 밝혔으니 주어가 바뀌지 않은 것이다. 그러니 요서경략 주체는 이 구절의 주어요 標題인 '백제'를 가리킨다고 보아야 맞다. 따라서 본 구절은 "晋末駒麗略有遼東樂浪 亦有遼西晋平縣"로 떼어 읽어야 마땅하다. 이렇게 하면 "晉末에 고구려가 요동의 낙랑을 차지하자, (백제) 역시 요서의 진평현을 차지했다"는 해석이 도출된다.

「양직공도」 해당 구절은 고구려=요동=낙랑, 백제=요서=진평의 대응 관계를 보여주었다. 이와는 달리 『양서』에서는 "晉의 治世에 고구려가 이미 요동을 차지하자, 백제 역시 요서와 진평 2郡의 땅에 의거하여 스스로 백제군을 두었다"고 했다. 고구려는 『양서』

와 『송서』 이전 단계에 이미 요동을 석권하였다. 그랬기에 고구려가 차지한 특정 군을 적시하지 않았다. 반면 백제는 요서 全域이 아니라 그 일부 지배였기에 진평군을 적시한 것이다. 설령 「양직공도」 저자의 의도와는 달리 낙랑이 백제와 등치라고 하자. 그렇더라도 백제의 요서경략을 부인하는 기록이 될 수는 없다. 교군에 불과한, 그것도 요동도 아닌 요서에서 얹혀사는 낙랑이 진평현을 경략할 수는 없기 때문이다. 더욱이 『양서』에서는 '낙랑'은 사라지고 '백제'가 주어로 다시금 전면에 등장하지 않았던가? 그러자 백제=낙랑이라는 주장이 제기되었지만 타당하지 않다. 낙랑은 고구려를 필두로 삼국 국왕의 작호에 등장했다. 낙랑은 백제만의 상징이 될 수 없었다.

4

백제가 차지하여 다스렸다는 요서의 거점이 진평군이었다. 그 위치에 관한 정보는 唐代에 지은 『통전』이나 宋初의 저술인 『太平寰宇記』, 그리고 淸代의 국가 기록에서도 덧붙여졌다. 즉 "柳城과 北平의 사이"나 "營州와 平州의 사이" 혹은 "錦州·寧遠·廣寧의 땅"으로 각각 기술했다. 이 사실은 백제의 요서경략이 訛傳이나 허구가 아님을 반증한다. 여타 전승 자료의 존재를 암시해주기 때문이었다. 백제가 해당 지역을 지배하지 않고서는 생성이 어려운 기록들로 보아야 한다.

진평군이 설치되었다는 柳城은 지금의 랴오닝성 차오양朝陽에, 北平은 베이징北京 부근으로 지목되었다. 그런데 최근 차오양 일원에 대한 北朝期의 분묘를 발굴 조사한 결과 북위의 행정력이 三燕의 수도였던 지금의 랴오닝성 베이퍄오北票 일원은 물론이고 차오양에도 미치지 못한 것으로 드러났다. 이 사실은 진평군 소재지를 지금의 차오양~베이징 부근으로 기록한 『통전』 기록을 주목하게 한다. 이와 더불어 청대의 "(唐의) 馬端臨이 晉平은 唐 때 柳城과 北平 사이에 있었다고 말했는데, 실은 지금의 錦州·寧遠·廣寧의 땅이다"는 기록이 다가온다. 후자 지역은 차오양 동편이나 동남편이기에 북위 영역 바깥인 동시에 랴오허 서편이다. 이곳은 백제가 설치한 진평군 입지로서는 하자가 없다.

백제 진평군은 북위 후기에 차오양 서쪽으로 이동했을 수 있다. 차오양 일원 북조 분묘들은 후기에는 조영되지 않았기 때문이다. 이렇게 본다면 『통전』의 진평군 위치 기록은 의미가 없지 않다. 이와 연계해 중국 사서에서 고구려 西界를 營州 즉 차오양이라고 한 기록이 주목된다. 앞서 제기한 고고학적 물증과 결부 지을 때 북위 후기의 분열을 틈타 고구려가 차오양까지 진출한 근거로 해석할 수 있기 때문이다. 사서 기록과 물증의 일치로 평가할 수 있다.

5

백제의 요서경략을 부정하는 논자들은, 『삼국사기』를 비롯한 한국 사서에 적혀 있지 않다는 점을 지목했다. 그러나 해상왕 장보고의 눈부신 활약도 중국과 일본 문헌이 아니었더라면 몰랐을 것이다. 그럼에도 이들은 요서경략이 북조계 사서에 보이지 않는다는 점을 거론하였다. 그러나 이 사안은 형편 좋게 속단할 성질은 아니다. 금석문을 통해 고구려가 平州(灤河下流)를 점령한 사실이 확인되었지만, 『魏書』 地形志 등 북조계 사서에서는 일체 수록하지 않았다. 중국과 일본의 연구자들은 평주 함락을 기록하지 않은 이유를 단순 오류가 아니라 고의적인 누락으로 간주하였다. 이와 마찬가지로 요서경략도 북조인들의 고의적 누락에 혐의를 두어야 하지 않을까? 더욱이 『위서』는 사료 증거 능력이 현저히 떨어진 관계로 '더러운 역사책' 즉 '穢史'로 불리기도 했다. 이러한 북조계 사서에 요서경략이 비치지 않는다고 하여 사실이 아닌 양 속단해서는 안 될 것이다.

보다 중요한 사실은 백제의 요서경략은 백제의 역사라는 것이다. 응당 백제사에 수록할 내용이었다. 북조에서는 백제 영역인 진평군을 自國史 地形志에 수록할 일은 아니었다. 게다가 당시 남조와 북조는 격렬하게 대립하였다. 상대 국가에 대한 비칭과 멸칭이 일상화되었다. 그러는 가운데 兩朝는 상대국 영역으로 지방관을 임명하는 遙領과 虛封을 통해 자국이 마치 전 중국을 통치하여 정통성을 지닌 양 과시했다. 이러한 정서이니 요서의 진평군도 기록과 문서상으로 은폐되었다고 해도 하등 이상할 게 없다. 당시로서는 어쩌면 지극히 자연스러울 수 있다.

6

백제는 고구려와는 달리 이상할 정도로 남조 일변도의 교류를 가졌다. 다만 고구려의 압박이 임계점에 이른 472년에 개로왕은 북위에 사신을 처음으로 파견하였다. 이렇듯 백제가 남조 일변도의 교류를 가진 이유는, 북위와 대치한 요서 진평군 때문으로 간주할 때 수긍이 간다. 실제 백제는 488년과 490년에 북위와 격돌한 바 있다. 비록 과장이 있다 치더라도 북위 騎兵 數十萬이 백제 경내로 진입한 기사는, 요서 진평군을 고려하지 않고서는 생각하기 어렵다.

물론 백제의 해상 능력을 의심하는 논자들도 있다. 그런데 「광개토왕릉비문」에 따르면 404년에 왜는 선단을 이용해 帶方界까지 쳐들어왔었다. 해로를 통한 왜군의 고구려 원정이 가능했음을 알 수 있다. 그런데 이보다 거리가 짧은 백제의 요서 상륙은 불가하다는 것이다. 백제에 대한 편견의 골이 깊다는 것을 알 수 있다. 최근의 연구에 따르면 4세기 말부터 백제는 중국대륙과의 횡단 항해가 가능했다고 한다. 따라서 요서경략 이해의 요체는 기록의 不備가 아니었다. 가슴 속에 깊이 박힌 편견의 쇠울타리 때문이었다. 마음속에 높이 쌓은 신기루 같은 만리장성 벽을 허물어야만 진실과 만날 수 있지 않을까 싶다.

사실 백제의 요서경략만큼 편견이 깊은 역사도 없었다. 조선의 모화주의자들에게는 백제가 중국의 일부 지역을 지배한 일은 상상하기조차 어려웠다. 이러한 心思에서 나온 게 '만리 바다' 운운하는 불가능한 항해 구역론이었다. 이후 한국 근현대 역사학에 직간접으로 영향을 끼친 일본의 연구자들도 "일본은 백제·신라의 건국과 거의 같은 시기에 半島에 진출하여 백제·신라를 보호하고 고구려의 남하를 막아냈다. 이후 신라는 고구려에 붙어 일본을 배반했지만, 백제는 그 건국에서 멸망까지 시종 우리나라에 의지했던 것이다"고 하였다. 이에 덧붙여 "그래서 서기 제5세기의 형세는 북의 고구려와 남의 일본과의 반도에서의 패권쟁탈사로도 볼 수 있는 것이다"고 단언했다. 1951년에「백제의 요서영유설에 대하여」라는 논문을 집필한 일본인 연구자는 5세기대를 고구려와 왜의 대결 구도로 해석하였다. 이러한 시각을 지녔기에 백제가 한반도를 뛰어넘어 북위와 대결한다는 것은 상상해서도 안 되었다. 그러므로 갖은 이유를 들이밀어 요서경략을 부정하였다. 이 점을 똑바로 직시해야 하는 것이다. 실제 그가 처음으로 제기한 '백제의 요서영유설'은, 한국에서 '백제의 요서경략설'로 수용되어 역사 용어로 정착하였다.

7

　일각의 편견과는 달리 백제의 해외 거점을 웅변해주는 물증이 보인다. 중국 장쑤성 롄윈강連雲港 산지대에는 당초 2천 基 이상의 백제 석실분이 산재해 있었다. 19세기 후반의 산둥성 지진 이전에는 半島나 島嶼였던 곳에 백제 분묘가 조성된 것이다. 중국 동부 연안과 도서 지역은 국가 멸망 후 백제인들이 徙民된 곳은 아니었다.

그러니 백제인들의 진출일 수밖에 없다. 더욱이 중국에서는 "항상 백제의 백성을 편안하게 하고 장회의 족속을 무성하게 하라 常安百濟之民 永茂長‧淮之族"고 하여 '長‧淮'인 양쯔강과 화이수淮水를 백제와 연결 지었다. 롄윈강 일원은 백제인들이 거주했던 '長‧淮' 가운데 화이수와 연관된 지역이었다.

그리고 중국의 최남단이요 베트남과의 접경 지역인 광시좡족자치구廣西壯族自治區에는 '百濟鄕'과 '百濟墟'라는 지명이 백제의 존재를 환기해준다. 문화는 발상지보다 변두리에서 잘 보전된다는 말을 실감시켜주었다.

이와 더불어 최치원이 "(백제가) 吳‧越을 침공했다"고 한 기술을 주목해 본다. 이는 『구당서』에서 "서쪽으로는 바다를 건너 월주에 이르렀다 西渡海至越州"고 한 백제 西界와의 연관성 때문이다. 국가를 경계로 한 동‧남‧북계와는 달리, 백제의 서계로 월주인 샤오싱紹興을 적시하였다. 백제 명장 계백이 黃山에서 "옛적에 句踐은 5천 명으로 吳의 70만 무리를 격파하였다"고 했다. 계백이 언급한 越王 구천의 근거지인 월주 즉 샤오싱 일대와 한반도 서남부 지역은 절임문화를 공유했다. 멀지만 가까운 곳이었다.

8

백제의 요서경략 기사는 직간접 사료만 추려도 14種에 이른다. 결코 적지 않은 사료들이었다. 그것도 백제에 영토를 빼앗긴 중국인들의 기록물에서 확인된 사료가 주종을 이룬다. 그럼에도 더 많은 자료를 요구하고 있다. 물론 완벽한 자료가 남아 있다면 고대사 연구는 일도 아닌 것이다. 그러니 생떼를 쓴다는 인상을 지울 수 없었다. 아무리 곱게 받아들이려 해도 근자에 '요서진출설을 강변하는 사이비 역사학'이라는 글귀는 도를 넘었다. 요서경략은 앞으로도 공론의 場에서 더욱 치열한 논의가 따라야 마땅하다. 그럼에도 보란 듯이 상대측에 법정 선고하듯이 揚揚한 태도는 참담하기까지 했다.

9

본서는 '기울어진 운동장'을 바로잡아 재론의 생산적인 場으로 다시금 안내할 목적에서 집필했음을 밝혀둔다. 이와 관련한 소견을 몇 자 적어 본다.

백제는 후연과 연계해 고구려를 견제하여 왔었다. 400년에 고구려군 步騎 5만의 낙동강유역 출병도, 허실을 틈탄 후연의 고구려 후방인 西方 급습으로 실패하고 말았다. 백제와 후연의 연계를 의심할 수 있는 사안이었다. 그런데 이제는 고구려의 반격을 받아 후연이 위태롭게 되었다. 후연의 구원 요청을 받아 백제군이 요서에 급거 출병하였다. 그 직후 후연은 붕괴되고 高雲의 북연 정권이 들어섰다. 즉시 북연과 고구려는 우호 관계를 유지하였다. 그러자 출병했던 백제군은 상황이 모호해졌지만 주둔한 지역을 실효 지배했다. 이 같이 요서경략의 기원을 새롭게 추정해 보았다.

10

본서에서는 학계의 기존 연구사에서 누락된 조선 후기 역사학자 한치윤과 민족주의 사학자 육당 최남선과 신민족주의 사학자 민세 안재홍 및 남창 손진태 그리고 홍이섭 등의 지견도 소개했다. 요서경략론의 흐름을 제대로 파악하는데 긴요한 논지들이었기 때문이다.

11

본서는 기왕에 발표한 3편의 논고로 구성되었다. 이 중 제 I 부 논문은 대폭 보강하였다. 그리고 3편의 논고는 독립된 글이었지만 한 권의 책으로 엮은 관계로 논지 중복이 불가피해졌음을 밝혀둔다.

한국 역사상 최초의 해외 출병일 수 있는 요서경략 논의의 재점화 차원에서 본서를 출간하였다. 차후 생산적인 논의가 솟아나기를 기대해 마지않는다. 그리고 본서에 게재한 역사지도는 潭其驤, 『中國歷史地圖集』(中國地圖出版社, 1996)에 의하였다.

12

끝으로 김부식이 "비록 을지문덕의 지략과 장보고의 의로움과 용맹함이 있었다 하더라도 중국의 서적이 숨겨버려서 자취가 아주 없어졌다면 듣지도 못했을 것이다 雖有乙支文德之智略·張保臯之義勇 微中國之書 則泯滅而無聞"는 글귀가 상기된다. 마치 요서경략을 가리키는 말 같다. 실로 천하의 명언이 아닐 수 없다.

2021년 6월
동네 투썸 플레이스 카페에서

이도학

목 차

머리말 4

Ⅰ. 백제의 요서경략에 대한 논의 ························· 19

1. 머리말 20

2. 요서경략 기사 검증 22
    1) 요서경략 기사 — 22
    2) 요서경략 기사 분석 — 32

3. 요서경략에 대한 인식 39
    1) 조선 후기의 요서경략 인식 — 39
    2) 일제하의 요서경략 인식 — 50
    3) 해방 이후의 요서경략 인식 — 55

4. 요서경략 부정론에 대한 검증 82
    1) 요서경략 기사의 실체성 검증 — 82
    2) 요서경략 부정론의 검증 — 88
    3) 490년 전쟁에 대한 접근 — 115
    4) 백제의 중국 동부 연안 진출 — 120

5. 교과서의 요서경략 서술 131

6. 맺음말 137

Ⅱ. 백제와 後燕 그리고 北魏 ·················· 141

1. 머리말 ····································· 142

2. 백제와 후연 ······························ 144

3. 백제와 북위와의 관계 ····················· 156
   1) 개로왕의 對北魏國書 — 156
   2) 백제와 북위와의 전쟁 — 171

4. 맺음말 ··································· 173

Ⅲ. 중국 廣西壯族自治區의 百濟墟 탐색 ················· 177

1. 머리말 ····································· 178

2. 百濟墟의 존재 ···························· 180

3. '百濟' 지명의 기원에 대한 검토 ·············· 183
   1) 농기구 이름 기원설 — 183
   2) 풍왕의 유배지 기원설 — 188
   3) 百濟墟와 그 주변 지역 탐방 — 190

4. 맺음말-백제 요서경략의 궤적을 찾아 ············ 194

참고문헌 ··· 197

찾아보기 ··· 204

I
백제의
요서경략에 대한
논의

1. 머리말

백제가 중국 랴오허의 서쪽인 遼西 지역에 진출하여 그 곳에 郡을 두고 통치했다고 한다. 遼西經略에 대한 '經略'의 자전적 의미는 "공략하여 점령한 나라나 지방을 다스림"으로 나온다. 이러한 백제의 요서경략 기사는 생각보다 많다. 요서경략과 관련해 직간접적으로 연관된 기사가 무려 14種에 이른다. 이 사실은 사료가 소략한 한국 고대사에서는 교차 확인까지 가능하게 해 준다. 그럼에도 요서경략 기사는 '요서경략설'이라는 이름으로 불리고 있다. 주지하듯이 '說'은 주관성을 지닌 학설을 뜻한다. 요서경략은 특정인이 제기한 학설이 아니다. 그러니 '요서경략 기사'나 '요서경략론'으로 일컬어야 맞다.

요서경략에 대해서는 조선시대부터 논의가 있었지만, 현재는 부정론이 대세를 이룬다. 이러한 사실은 교과서의 요서경략 서술의 변화 과정을 통해서도 읽을 수 있었다.[1] 본고에서는 백제의 요서경략에 대한 논의의 전개 과정을 살피는데 주안점을 두었다. 즉 기사

---

1 李道學, 「백제의 요서경략과 중·고등학교 한국사 교과서의 기술」『한국전통문화연구』 15, 한국전통문화대학교, 2015, 205~207쪽.
李道學, 「신민족주의 역사학의 서술과 역사 인식의 교과서 반영 검증 -백제 건국 세력의 계통과 요서경략을 중심으로」『단군학회 2020년 가을 학술회의 발표논문집』, 단군학회, 2020.11.7, 17~18쪽.

의 내용을 제대로 이해하고 결론을 내렸는지 여부를 살펴보고자 하였다. 일례로 『海東繹史』의 저자인 한치윤이 사망한 후에 조카인 한진서가 地理考를 완성하여 同書를 완성했다. 그런데 한진서는 백제의 요서경략 기사를 부정하였다. 그런 관계로 많은 이들은 『해동역사』는 요서경략을 부정한 저작물로 인식했다. 그러나 한진서의 숙부 한치윤은 同書 交聘志에서 백제의 요서경략을 수용하였다. 논자들은 저자인 한치윤의 글 대신 조카의 글만 읽고 단정한 것이다. 이는 분명 속단을 넘어 사실 왜곡이었다.

사료가 적지 않은 요서경략의 부정론에는 구체적인 근거 제시가 중요하다. 안정복과 정약용 및 한진서가 요서경략 부정론자인 것은 분명하지만, 관련 논거의 정당성 여부는 간과했다. 그럼에도 학문적 위상이 높은 안정복과 정약용 등을 부각시켜 사료상의 瑕疵가 摘出된 듯한 인상을 조장한 감이 없지 않았다. 게다가 해방 이후 안재홍이나 손진태를 비롯한 신민족주의 사학자들의 요서경략 수용론은 건너뛰었다. 따라서 본고에서는 요서경략 수용 여부를 떠나 논의 과정도 검증하고자 했다.[2] 그럼으로써 선입견을 넘어 편견에 좌우되지 않는 자세를 견지하는데 일조하고자 하였다.

본고에서는 요서경략 관련 사료를 모두 적시한 후 조선 후기 이

---

2 이에 대한 선행 연구로는 李道學, 「백제의 요서경략과 중·고등학교 한국사 교과서의 기술」 『한국전통문화연구』 15, 한국전통문화대학교, 2015, 189~221쪽이 참고된다.

래 논자들의 주요 인식을 검증해 보는 계기로 삼았다. 그럼으로써 요서경략론에 대한 온당한 학설사적 평가를 통한, 정당한 해석 부여에 목적을 두었다. 요서경략의 수용 여부를 떠나 작금에 이에 관한 인식과 서술이 편중되거나 誤導되었다는 판단에서였다.

2. 요서경략 기사 검증

1) 요서경략 기사

백제의 요서경략에 관한 기록은 생각보다는 많았다. 한국뿐 아니라 중국 사료에 적시된 직간접으로 관련된 구절을 모두 인용하면 다음과 같다.

> a-1. 백제국은 본래 高驪와 함께 요동의 동쪽 천여 리에 있었다. 그 후 高驪가 요동을 차지하자 백제는 요서를 차지하였다. 백제가 다스리는 곳을 진평군 진평현이라고 했다.[3]
>
> a-2. 백제는 옛날의 來夷로 마한의 족속이다. 晉末에 駒麗가 요동의 樂浪을 차지하자, (백제) 역시 요서의 晉平縣을 차지했다.[4]

---

3 『宋書』 권97, 夷蠻傳, 百濟國. "百濟國 本與高驪俱在遼東之東千餘里 其後高驪略有遼東 百濟略有遼西 百濟所治 謂之晋平郡 晋平縣"

4 「梁職貢圖」 百濟國記. "百濟舊來夷 馬韓之屬 晉末駒麗略有遼東樂浪 亦有遼西晉平縣"

a-3. 그 나라는 본래 句驪와 더불어 요동의 동족에 있었다. 晉의 治
　　世에 句驪가 이미 요동을 차지하자 백제 역시 요서와 진평 2
　　郡의 땅에 의거하여 스스로 백제군을 두었다.[5]

a-4. 晉 治世에 句麗가 이미 遼東을 차지하자 百濟 역시 遼西·晉

그런데 "백제는 옛날 동이 마한에 속하던 나라이다"라는 해석도 있지
만 타당하지 않다. 즉 '來夷'는 '東夷'의 誤記가 아니라 『尙書正義』에 보
이는 '萊夷'를 가리킨다. 萊夷는 嵎夷이기도 하다. 그리고 '馬韓之屬'은
'마한에 속한다'는 뜻이 아니다. '屬'에는 '무리'의 뜻이 담겨 있다(李道
學, 「梁職貢圖의 百濟 使臣圖와 題記」 『百濟文化 海外調査報告書 6』, 국
립공주박물관, 2008). 그리고 '屬'에는 族類인 '血族'의 뜻도 담겼다. 가
령 『魏書』 冒頭에서 獫狁을 '匈奴之屬'이라고 했다. 따라서 '馬韓之屬'도
마한의 무리나 족속으로의 해석이 맞다. 만약 '馬韓之屬'을 '마한에 속
한다'로 해석하려면, '屬馬韓'으로 표기했어야 한다.
고구려의 요동경략 기사에 이어 백제의 진평군 설치 기사가 보인다.
즉 "晋末駒麗略有遼東樂浪 亦有遼西晋平縣"라는 구절을 "고구려가 요
동을 경략하자, 낙랑 역시 요서의 진평현을 경략했다"는 해석이 통용
되어 왔다. 이러한 해석대로라면 느닷없이 낙랑이 등장하는 것이다.
게다가 후자가 경략 대상을 '요서 진평현'이라고 하여 구체적으로 기
록한데 반해, 전자인 고구려는 '요동'만 언급하였다. 서술상 兩者의 균
형이 맞지 않은 것이다. 더욱이 「양직공도」 백제국사 조에 적힌 이 구
절의 주체는 어디까지나 백제였다. 따라서 이 구절 문장상의 讀法은
김세익, 「중국 료서지방에 있었던 백제의 군에 대하여」 『력사과학』
1967-1, 3쪽이 타당하다. 결국 고구려가 요동의 낙랑을 이미 경략하
자, 이와 연동하여 백제가 요서 진평현을 경략했다고 해석해야 문리
와 정황이 자연스럽다.

5 『梁書』 권54, 諸夷傳, 百濟. "其國本與句驪在遼東之東 晋世句驪旣略有
　遼東 百濟亦據有遼西·晋平二郡地矣 自置百濟郡"

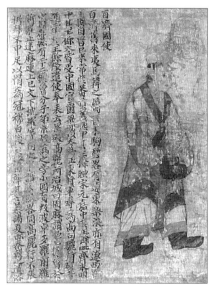

사진1. 「양직공도」 백제국사 조

　　平 2郡 땅에 의거하여 스스로 百濟郡을 두었다.[6]

　a-5. 晉 때 句麗가 이미 요동을 차지하자 백제 역시 요서와 진평 2郡에 자리 잡았다[지금 柳城과 北平의 사이이다]. … 晉代로부터 蕃爵을 받았고, 스스로 百濟郡을 두었다.… 後魏 孝文帝가 무리를 보내 이곳을 정복하고 깨뜨렸다.[7]

6　『南史』권79, 夷貊下, 東夷傳, 百濟. "其國本與句麗俱在遼東之東千餘里 晉世 句麗旣 略有遼東 百濟亦據有遼西 · 晉平二郡地矣 自置百濟郡"

7　『通典』권185, 邊防門, 東夷上, 百濟. "晉時 句麗旣略有遼東 百濟亦據有

지도1. 류성과 북평

a-6. 처음에 夫餘는 鹿山에 거처하였는데, 백제의 침략을 받아 部
落이 쇠잔해져서 서쪽으로 燕 근처로 옮겼으나 방비를 하지
않았다. 燕王 皝은 세자 儁을 보내어 慕容軍·慕容恪·慕輿根
3장군을 거느리고 1만7천여 騎로 부여를 습격하게 하였다.
儁은 가운데 거처하면서 지휘를 하고 군사는 모두 恪에게 맡
겼다. 드디어 부여를 빼앗고 그 王 玄 및 부락의 5만여 口를
사로잡아 돌아왔다. 皝은 玄을 鎭軍將軍으로 삼고 딸을 妻로
삼게 하였다.[8]

遼西·晋平二郡[今柳城北平之間] ··· 自晉代受蕃爵 自置百濟郡 ··· 後魏
孝文遣衆征破之"

8 『資治通鑑』 권97, 永和 2년 정월. "初夫餘居于鹿山 爲百濟所侵 部落衰
散 西徙近燕 而不設備 燕王皝遣世子儁 帥慕容軍·慕容恪·慕輿根三將

a-7. 句麗·백제 및 字文·段部의 사람은 모두 兵勢를 옮겼는데, 중국 의 義를 사모하여 온 것 같지는 않으니 모두들 돌아갈 생각이 마음에 있습니다. 지금 戶가 10만이나 좁은 도성에 몰려들고 있어서 장차 국가에 큰 害가 될까 두렵습니다. 마땅히 그 兄弟宗族을 나누어서 서쪽 경계의 여러 城으로 옮겨 이들을 은총으로 慰撫하고 法으로 단속하면 됩니다.[9]

a-8. (380년에 반란을 일으킨 前秦의 苻洛이) 使者를 나누어 보내어 선비·오환·고구려·백제 및 薛羅·休忍 등 諸國에서 徵兵했는데 모두 따르지 않았다.[10]

a-9. 魏가 군대를 보내 백제를 쳤으나 백제에 패하였다[… 晉 治世에 고구려가 요동을 차지하자 백제 역시 요서와 진평 2군 땅에 의거했다].[11]

a-10. 魏가 군대를 보내어 와서 정벌하였으나 우리에게 패했다.[12]

軍 萬七千騎襲夫餘 僬居中指授 軍事皆以任恪 遂拔夫餘 虜其王玄及部落 五萬餘口而還 皝以玄爲鎭軍將軍 妻以女"

9 『晉書』권109, 慕容皝載記. "句麗·百濟及于文·段部之人 皆兵勢所徙 非如中國慕義而至 咸有思歸之心 今戶垂十萬 狹湊都城 恐方將爲國家深 害 宜分其兄弟宗屬 徙于西境諸城 撫之以恩 檢之以法 使不得散在居人 知國之虛實"

10 『晉書』권113, 苻堅 上. "分遣使者徵兵於鮮卑·烏丸·高句麗·百濟及 薛羅·休忍等諸國 並不從"

11 『資治通鑑』권136, 永明 6년. "魏遣兵擊百濟 爲百濟所敗[… 晉世句麗略 有遼東 百濟亦據有遼西晉平二郡地]"

12 『三國史記』권26, 동성왕 10년. "魏遣兵來伐 爲我所敗"

a-11. 이 해에 魏虜가 또 騎兵 수십만을 일으켜 백제를 공격해 그 境界에 들어 가니 牟大가 장군 沙法名 · 贊首流 · 解禮昆 · 木干那를 파견하여 무리를 거느리고 虜軍을 습격하여 그들을 크게 무찔렀다. 建武 2년(495년 : 동성왕 17)에 모대가 사신을 보내어 표문을 올려 말하기를 "지난 庚午年(490년)에 獫狁이 잘못을 뉘우치지 않고 군사를 일으켜 깊숙히 닥쳤습니다. 臣이 沙法名 등을 보내 군대를 거느리고 역습하게 해 밤에 번개처럼 기습 공격하니, 匈梨가 당황하여 마치 바닷물이 들끓듯 붕괴되었습니다. 이 기회를 타서 쫓아가 베니 시체가 들을 붉게 했습니다. 이로 말미암아 그 예리한 기세가 꺾이어 고래처럼 사납던 것이 그 흉포함을 감추었습니다. 지금 천하가 조용해진 것은 실상 사법명 등의 꾀이오니 그 공훈을 찾아 마땅히 표창해 주어야 할 것입니다. 이제 사법명을 임시로 征虜將軍 · 邁羅王으로, 贊首流를 임시로 安國將軍 · 辟中王으로, 解禮昆을 임시로 武威將軍 · 弗中侯로 삼고, 木干那는 과거에 軍功이 있는 데다가 또 臺舫을 쳐서 빼앗았으므로 임시로 廣威將軍 · 面中侯로 삼았습니다. 엎드려 바라옵건대 天恩을 베푸시어 특별히 관작을 제수하여 주십시요"라고 하였다.[13]

---

13 『南齊書』 권58, 東夷傳, 百濟. "是歲 魏虜又發騎數十萬攻百濟 入其界 牟大遣將沙法名 · 贊首流 · 解禮昆 · 木干那率衆襲擊虜軍 大破之 建武二年 牟大遣使上表曰 臣自昔受封 世被朝榮 忝荷節鉞 剋攘列辟 往姐瑾等竝蒙光除 臣庶咸泰 去庚午年狁猴弗悛 擧兵深逼 臣遣沙法名等領軍逆討 宵襲霆擊 匈梨張惶 崩若海蕩 乘奔追斬 僵尸丹野 由是摧其銳氣 鯨暴韜凶 今邦宇謐靜 實名等之略 尋其功勳 宜在襃顯 今假沙法名行征虜將軍 · 邁羅王 贊首流爲行安國將軍 · 辟中王 解禮昆爲行武威將軍 · 弗中侯 木干那前

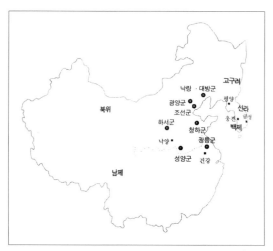

지도2. 백제가 중국에 태수를 분봉한 지역

a-12. 南朝로부터 책봉받은 백제 太守들의 관할 지역과 현재 위치
(지도2·표1).[14]

a-13. 高齊의 後主가 또 왕을 使持節·都督東青州諸軍事·東青州刺
史로 삼았다.[15]

有軍功 又拔臺舫 爲行廣威將軍·面中侯 伏願天恩特愍聽除"

14 太守들의 관할지 비정은 復旦大學 歷史地理硏究所, 『中國歷史地名事
典』, 1988에 의하였다.
『宋書』 권97, 夷蠻傳, 百濟.
『南齊書』 권58, 東夷傳, 百濟.

15 『三國史記』 권27, 위덕왕 18년. "高齊後主又以王爲使持節·都督東青州
諸軍事·東青州刺史"

표1. 백제 태수들의 분봉 지역 일람

관직	현재 소재지	관직	현재 소재지
西河太守	山西省 汾陽縣	淸河太守	山東省 淸河縣
廣陽太守	河北省 隆化縣	帶方太守	遼寧省 義縣 北
朝鮮太守	河北省 盧龍縣	樂浪太守	遼寧省 義縣 北
廣陵太守	江蘇省 揚州市 西北	城陽太守	河南省 泌陽縣 南

a-14. 고구려와 백제의 전성 시에는 强兵이 百萬이었다. 남으로는 吳・越을 침공했고, 북으로는 幽・燕・齊・魯 지역을 어지럽게 하여 중국의 커다란 좀이 되었다.[16]

한편 『건강실록』에서도 요서경략에 관한 구절이 보인다.[17] 그러나 百濟郡 소재지를 고구려 동북으로 서술했다. 이러한 기사는 백제의 기원과 관련 지을 수는 있지만 요서경략과는 연관 짓기 어렵다. 그리고 永明 2년(484)에 북위가 백제를 정벌하여 大破했다는 것이다. 비록 그 이전 문헌에 보이는 않은 독보적인 기록이지만 정황상 신빙성이 떨어진다. 게다가 백제를 '변진의 나라 弁辰之國'라고 할 정도로 오류가 컸다. 따라서 『건강실록』은 더 이상 거론하지 않

---

16 『三國史記』권46, 崔致遠傳. "高麗・百濟全盛之時 强兵百萬 南侵吳・越 北撓幽・燕・齊・魯 爲中國巨蠹"

17 『建康實錄』권16, 齊下, 百濟. "百濟弁辰之國 起晉世受蕃爵 自置百濟郡 在高麗東北 齊 建元二年 其王弁都使貢方物 永明二年魏虜征之大破百濟 王弁都"

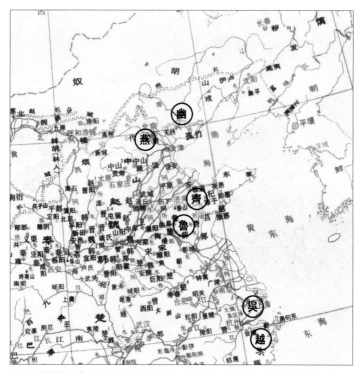

지도 3. 최치원의 「상태사시중장」에 보이는 북의 幽·燕·齊·魯와 남의 吳·越. 전국시대 지도

는다. 그 밖에 宋初에 간행된 『태평환우기』에서는 북위 효문제(재위 471~499)가 군대를 보내 백제를 격파한 기록이 있다.[18] 그런데

---

18 『太平寰宇記』권172, 四夷1, 東夷1, 百濟國. "晉時句麗旣略有遼東 而百濟亦據有遼西·晉平二郡地[今營平二州之間也] 自晉以後吞併諸國 據有

이 기록은 『통전』(a-5)의 서술을 전재한 데 불과하다. 그리고 이 전
쟁은 해당 기록을 놓고 볼 때, 백제가 북위에 사신을 보낸 472년과
한성이 함락한 475년 사이에 발생했다. 그러나 여러 정황상 사실
일 가능성은 없어 보였다. 따라서 『태평환우기』도 『건강실록』과 마
찬 가지로 더 이상 거론하지 않는다.[19]

馬韓地 晉代受蕃爵 自置百濟郡 … 後魏孝文帝遣衆征破之 後其王牟大爲
高句麗所破 衰弱累年 遷居南韓舊地"

19 백제 유민 관련한 「難元慶墓誌」에서 "高祖珇가 遼에서 벼슬하여 달솔
관등이 되었다 高祖珇 仕 遼爲達率官"고 했다. 물론 "遼'는 唐代의 고
구려 · 백제유민 묘지명에서 대체로 고구려 · 백제 혹은 한반도 지역의
대칭으로 사용된 사례가 다수이다"고 논단하지만, 同 묘지명에서 "달
솔의 화려한 가문, 요양의 귀한 신분 達率勝華 遼陽鼎貴"라고 하여 '遼
陽'이 보인다. 게다가 「禰素士墓誌」에서도 이주지로 '遼陽'이 적혀 있
다. 禰氏 일가 묘지를 종합해 보면 이들 가문은 永嘉(307~313) 末에
난을 피하여 동쪽으로 이주했다(「禰軍墓誌」). 그 곳은 「禰素士墓誌」에
서 "7대조인 嵩은 淮水와 泗水에서 바다를 이용해 遼陽에 왔고, 드디어
熊川人이 되었다 七代祖嵩 自淮泗浮於遼陽 遂爲熊川人也"고 하였듯이
7대조가 이주해 온 '遼陽'이었다. 그리고 예소사의 증조인 禰譽多는 좌
평과 대방주자사를 역임했다(「禰寔進軍墓誌」 · 「禰素士墓誌」). 그런데
요양에서 世住하던 難氏와 禰氏 가문은 어떤 계기를 맞아 집단적으로
遼西로 이주한 것 같다(국사편찬위원회, 「한국고대금석문-백제 유민
관련 금석문」 『한국사데이터베이스』). 그 후 요서에 진평군이 설치되
자 이들 일가는 백제에 入仕했다고 볼 여지는 있지만, 年代 등 전제되
고 해결해야 할 과제가 있다. 일례로 「瑞雲寺了悟和尙碑銘」에서도 "遼
陽動旅 英雄鼎五"라고 하여 '遼陽'이 우리나라의 異稱으로 사용되었다.

2) 요서경략 기사 분석

앞에서 인용한 14종의 사료를 하나씩 검토해 본다. 먼저 『송서』의 "그 후 고려가 요동을 차지하자 백제는 요서를 차지하였다. 백제가 다스리는 곳을 진평군 진평현이라고 했다(a-1)"는 기사는, 요서경략 初出이므로 중요하다. 이 기사를 받은 『양서』에서는 "晉의 治世에 句驪가 이미 요동을 차지하자 백제 역시 요서와 진평 2郡의 땅에 의거하여 스스로 백제군을 두었다(a-3)"고 했다. 『송서』에서는 요서 지역에 진평군 1개 군만 설치되었다. 그런데 『양서』에서는 요서군과 진평군 총 2개 군으로 늘어났다. 여기서 요서군은 『송서』의 요서 지역을 郡名으로 誤讀하여 나온 것이다. 백제가 요서 지역을 경략해 새로 설치한 郡은 진평군이요, 治所는 진평현이었다.[20] 이 점을 분명히 알아야 한다. 물론 시간의 경과에 따라 백제가 경략한 요서 지역의 거점 변동과 요서군의 추가를 상정할 수는 있다.

만약 백제의 요서경략이 실체 없는 '만들어진 역사'였다면, 후대 사서는 『송서』의 기사를 답습만했을 것이다. 그러나 『양서』에는 『송서』보다 구체적으로 設郡 시기(晉世)와 지역 범위(요서·진평 2郡) 그리고 '백제군'이라는 새로운 郡名까지 거론했다. 이로 보아 『송서』와는 달리 同系의 상세한 사료가 존재하였고, 이에 근거해 『양

---

20 鄭寅普,「五千年間 朝鮮의 '얼'-百濟의 海上發展(四)」『東亞日報』
    1936.3.7;『朝鮮史研究(下)』, 서울신문사, 1947, 206~207쪽.

서』의 관련 구절이 나왔음을 알 수 있다.[21]

요서경략에 관한 첫 기록인『송서』에서는 고구려가 요동을 차지하자 백제는 요서를 차지해 진평군을 설치했다고 한다(a-1). 그런데 고구려가 차지한 요동의 구체적인 지역 명시가 없다.『송서』에 이어 두 번째로 요서경략을 게재한「양직공도」에서는 고구려가 요동에서 공격한 대상을 '낙랑'이라고 했다(a-2). 고구려는 평양에서 요동으로 이동한 낙랑을 차지한 것이다.[22]「양직공도」는『송서』의 비어 있는 부분, 즉 고구려의 경략 대상을 채워주었다. 그러나 백제가 요서에서 차지한 곳은『송서』와 달라지지 않았다. 그랬기에「양직공도」에서는 진평현을 그대로 기록하였다.

그런데 대다수 연구자들은「양직공도」의 "晋末駒麗略有遼東樂浪亦有遼西晋平縣"라는 구절에서 처음 보이는 '낙랑'을 주어로 삼았다. 낙랑을 요서 진평현 설치의 주체로 간주하였다. 이렇게 하면 "晉末에 고구려가 요동을 차지하자, 낙랑 역시 요서의 진평현을 차지했다"는 해석이 나온다. 그러나 本地에서 쫓겨나 그것도, 요동도 아니고 요서에서 상징성만 있는 페이퍼 컴퍼니 僑郡에 불과한 낙랑이 요서 일부 지역을 점령한다는 것은 꿈결 속에서나 가능하다.

---

21 金庠基,「百濟의 遼西經略에 對하여」『白山學報』3, 1967;『東方史論叢 (개정판)』, 서울대학교 출판부, 1984, 427쪽.

22 이에 대한 상세한 논의는 李道學,「樂浪郡의 推移와 嶺西地域樂浪」『東아시아古代學』34, 2014, 6~18쪽을 참조하라.

「양직공도」 百濟國記에는 백제와 낙랑이 等値라는 전제가 없다. 오히려 '亦'이라고 하여 고구려와 同値임을 밝혔으니 주어가 바뀌지 않았다. 그러니 요서경략 주체는 이 구절의 주어요 標題인 '백제'를 가리킨다고 보아야 맞다. 따라서 본 구절은 "晋末駒麗略有遼東樂浪亦有遼西晋平縣"로 떼어 읽어야 마땅하다. 이렇게 하면 "晉末에 고구려가 요동의 낙랑을 차지하자, (백제) 역시 요서의 진평현을 차지했다"는 해석이 도출된다. 이 구절의 전자에서는 '略有'라고 했지만 후자에서는 '有'라고만 적어 '略'을 생략하였다. 「양직공도」에서는 후자의 주어인 '백제'와 행위인 '略'을 생략한 것이다. 중복을 피한 것인데, 「양직공도」가 지닌 공간적 제약 때문이었다.

「양직공도」 해당 구절은 고구려=요동=낙랑, 백제=요서=진평의 대응 관계를 보여주었다. 이와는 달리 『양서』에서는 "晉의 治世에 고구려가 이미 요동을 차지하자, 백제 역시 요서와 진평 2郡의 땅에 의거하여 스스로 백제군을 두었다"고 했다. 고구려는 『양서』와 『송서』 이전 단계에 이미 요동을 석권하였다. 그랬기에 고구려가 차지한 특정 군을 적시하지 않았다. 반면 백제는 요서 全域이 아니라 그 일부 지배였기에 진평군을 적시한 것이다. 설령 「양직공도」 저자의 의도와는 달리 낙랑이 백제와 등치라고 하자. 그렇더라도 백제의 요서경략을 부인하는 기록이 될 수는 없다. 교군에 불과한 그것도, 요동도 아닌 요서의 낙랑이 진평현을 경략할 수는 없기 때문이었다. 그리고 "스스로 백제군을 두었다 自置百濟郡(a-4)"는 진평군은, 백제 영역 통치 체계 속의 郡이었음을 뜻한다. 기존의 중국

郡名과는 상관없이 新設했음을 가리킨다.

그리고 백제가 부여를 서쪽으로 밀어붙였다는 기사(a-6)는, 부여의 파국을 설명하기 위해 적어놓은 구절이다. 부여의 원래 거점을 백제가 점유했다는 말이 된다. 그런데 이 곳이 지금의 지린시吉林市와 그 주변과 같은 내륙이라면 한반도의 백제가 진출할 수는 없다. 오히려 a-6 기사는 백제가 전연과 교전하여 다수의 포로를 발생시킨 a-7 기사와 연동되어 있다. 그러므로 이들 기사는 백제의 요서 경략 보다는 백제의 기원과 관련해 탐색할 대상으로 보인다.[23]

그 밖에 前秦의 苻洛이 380년에 반란을 일으켰을 때였다. 그가 使者를 나누어 보내 徵兵을 요구한 諸國 가운데 백제가 보인다(a-8). 이들 諸國은 前秦에서 연락 가능한 곳에 소재한 세력들을 가리키고 있다. 백제 역시 고구려와 함께 그 인근에 소재했음을 알려준다. 이때 전진과 백제는 전혀 교류가 없었다. 그러므로 한반도 바깥의 백제 거점을 염두에 둘 수는 있다.

그리고 a-11은 백제가 '경오년(490)'에 침공해 온 북위군과 전쟁한 기록이다. 이 기사를 보면 "魏虜가 또 騎兵 수십만을 일으켜"라고 하여 '또 又'라고 했다. 북위는 490년 이전에도 백제에 쳐들어온 적이 있었다. 이 전쟁은 a-10에 적힌 488년의 전쟁을 가리킨다. 그러므로 백제는 2회에 걸쳐 북위의 침공을 물리친 것이다.

---

23 李道學, 『백제고대국가연구』, 一志社, 1995, 110~115쪽.

이와 연계된 a-12에 보이는 백제 태수들의 분봉 지역은 모두 남조 바깥 북위 영역이다. 劉宋이나 南齊와 같은 역대 남조 조정에서는 백제 귀족들을, 자국의 통치력이 미치지 못하는 북위 영역에 분봉하였다. 북위 또한 남조 영역에 刺史를 분봉해 실제 통치하는 것처럼 행세했다.[24] 이와 마찬가지로 남조 역대 정권도 遙領과 虛封을 통해 통일제국인 西晉 때처럼 전 중국을 통치하는 양 하였다.[25] 백제인들은 그러한 허봉을 받은 데 불과했다. 그렇지만 무의미한 허봉만은 아니었다. 백제가 요서 지역에 거점을 확보한 상황이라면, 남조로서는 비록 허봉이더라도, 이를 매개로 백제와 연대하여 북위 영역을 수복할 수 있는 근거와 명분이 된다. 남조가 우군으로서 백제와 동맹하여 북위에 대적할 수 있는 연결점이 백제의 요서경략일 수 있다.

이와 더불어 위덕왕이 책봉받은 동청주에 대한 해석이다(a-13). 571년에 위덕왕은 北齊로부터 '使持節都·東青州諸軍事·東青州刺史'를 책봉받았다. 그 1년 전에 위덕왕이 책봉받은 '帶方郡公'이 형

---

24 최진열, 「5~6세기 2개의 遼東-北魏의 天下觀과 역사왜곡이 만들어낸 고구려의 요동과 북위의 요동」『동북아역사논총』 62, 동북아역사재단, 2018, 179쪽.

25 최진열, 「5~6세기 2개의 遼東-北魏의 天下觀과 역사왜곡이 만들어낸 고구려의 요동과 북위의 요동」『동북아역사논총』 62, 동북아역사재단, 2018, 176쪽.

식상 과거 대방군이 행사하던 한반도 남부 지역과 일본열도에 대한 지배권을 위임받은 것이라면[26] 동청주자사는 동청주 지역에 대한 지배권을 인정받은 것이다. 그런데 동청주 자체가 중국에 없다는 주장을 통해 虛爵說이 제기되었다. 즉 청주의 동쪽에 假想的으로 그런 州를 僑置하는 형태로, 백제 왕에게 형식적으로 위임했다고 한다.[27]

田中俊明은 "東靑州는 宋이 468년에 設置한 적이 있지만, 北齊代에는 명확하지 않다. 『中國歷史地圖集』(註7: 譚其驤 主編, 『中國歷史地圖集』第四冊, 地圖出版社, 北京, 1982) 등을 보아도, 東靑州는 보이지 않았다"[28]고 했다. 그러나 『隋書』에 보면 "또 후위가 동청주를 두었는데, 설치한 지 오래지 않아 폐했다"[29]고 하였다. 여기서 後魏는 北魏(386~534)를 가리킨다. 그리고 487년에 설치된 平原郡(山東省 聊城縣 동북) 관내에 동청주가 보인다. 게다가 『위서』에는 동청주자사에 임명된 인사들이 보이므로 실체가 확인된다.[30] 동청주는 淸河郡 동남

26 李道學, 『백제고대국가연구』, 一志社, 1995, 185쪽.

27 田中俊明, 「百濟と北齊」 『東アジア〈牛島空間〉-山東半島と遼東半島』, 思文閣出版, 2003, 167쪽.

28 田中俊明, 「百濟と北齊」 『東アジア〈牛島空間〉-山東半島と遼東半島』, 思文閣出版, 2003, 162쪽.

29 『隋書』 권30, 地理 中, 平原郡. "又後魏置東靑州 置未久而廢"

30 『魏書』 권51, 韓茂傳. "備弟均 字天德 少而善射 有將略 初爲中散 賜爵范

陽子 加寧朔將軍 遷金部尙書 加散騎常侍 兄備卒 無子 均襲爵安定公 征南大將軍 出爲使持節 散騎常侍 本將軍 定州刺史 轉靑冀二州刺史 餘如故 恤民廉謹 甚有治稱 廣阿澤在定 冀相三州之界 土廣民稀 多有寇盜 乃置鎭以靜之 以均在冀州 劫盜止息 除本將軍 廣阿鎭大將 加都督三州諸軍事 均淸身率下 明爲耳目 廣設方略 禁斷姦邪 於是趙郡屠各 西山丁零聚黨山澤以劫害爲業者 均皆誘慰追捕 遠近震踉 先是 河外未賓 民多去就 故權立東靑州爲招懷之本 新附之民 咸受優復 然舊人姦逃者 多往投焉 均表陳非便 朝議罷之 後均所統 劫盜頗起 顯祖詔書誚讓之 又以五州民戶殷多 編籍不實 以均忠直不阿 詔均檢括 出十餘萬戶 復授定州刺史 輕徭寬賦 百姓安之 延興五年卒 諡曰康公 子寶石襲爵"

참고로 韓茂의 아들로 備와 均이 있는데, 해당 내용은 韓均에 대한 내용이다.

『魏書』권55, 游明根傳. "高宗踐阼 遷都曹主書 賜爵安樂男 寧遠將軍 高宗以其小心敬愼 每嗟美之 假員外散騎常侍 冠軍將軍 安樂侯 使於劉駿直使明僧暠相對 前後三返 駿稱其長者 迎送之禮 有加常使 顯祖初 以本將軍出爲東靑州刺史 加員外常侍 遷散騎常侍 平東將軍 都督克州諸軍事 瑕丘 鎭將 尋就拜東克州刺史 改爵新泰侯 爲政淸平 新民樂附"

『魏書』권57, 高祐傳. "高祐 字子集 小名次奴 勃海人也 本名禧 以與咸陽王同名 高祖賜名祐 司空允從祖弟也 祖展 慕容寶黃門郎 太祖平中山 內徙京師 卒於三都大官 父謐 從世祖滅赫連昌 以功拜游擊將軍 賜爵南皮子 與崔浩共參著作 遷中書侍郎 轉給事中 冀靑二州中正 假散騎常侍 平東將軍蓨縣侯 使高麗 卒 贈安南將軍 冀州刺史 假滄水公 諡曰康 祐兄祚 襲爵東靑州刺史"

『魏書』권64, 張彝傳. "張彝 字慶賓 淸河東武城人 曾祖幸 慕容超東牟太守 後率戶歸國 世祖嘉之 賜爵平陸侯 拜平遠將軍 靑州刺史 祖準之襲 又爲東靑州刺史 父靈眞 부卒"

그 밖에 『北史』에서도 동청주자사 관련 기록이 보인다.

편에 소재하였다. 지금의 산둥성 동청주의 서북편에 위치한 청하군
은, 490년에 백제 태수를 분봉한 곳이었다(a-12).[31]

　　북제는 자국 영역이지만, 과거 북위 때 행정 구역에 위덕왕을 책
봉했다. 南齊가 책봉한 북위 영역에 대한 백제의 지배적 연고권을
인정해주려는 의도였던 것 같다. 이는 당시 북제가 처한 절박한 상
황과 맞물려 있었다고 본다. 北周의 위협을 심각하게 받고 있던 북
제는, 백제를 우군으로 끌어들이고자 했다. 동청주 지배권을 북제
가 위덕왕에게 위임한 데는 이러한 저의가 담겼던 것 같다.[32] 따라
서 위덕왕이 북제로부터 받은 동청주제군사와 동청주자사 관직은
실제적 의미가 없는 게 아니었다.

3. 요서경략에 대한 인식

1) 조선 후기의 요서경략 인식

　　백제의 요서경략은 조선의 신경준과 한치윤이 먼저 수용하였다.
그런데 논자들은 이 두 명을 배제하고 요서경략 부정론자인 한진
서만 소개한 경우가 많았다. 이 점 각별히 유의해야할 것 같다. 조

31　**李道學**, 『분석고대한국사』, 학연문화사, 2019, 440~441쪽.

32　**李道學**, 『분석고대한국사』, 학연문화사, 2019, 441쪽.

선 후기에는 요서경략 관련 두 갈래의 인식이 상존했다. 이를 긍정론과 부정론으로 나누어 소개해 본다.

(1) 긍정론

조선에서 백제의 요서경략을 수용한 연구자는 申景濬(1712~1781)과 韓致奫(1765~1814)이었다. 이들의 논지는 다음과 같다.

> b-1. 신경준 : "臣이 삼가 『삼국사』를 살펴보니 백제 때 중국을 侵撓하여 요서와 월주를 차지한 적이 끝내 없었으니 언제 백제가 차지했으리요. 그렇지만 『신·구당서』와 『문헌통고』에 나타날 뿐 아니라, 최치원의 「上唐太師侍中狀」에서 이르기를 "高麗와 백제가 전성할 때 强兵 100萬으로 남으로는 吳·越을 치고, 북으로는 幽·燕·齊·魯를 후벼서 중국의 큰 좀이 되었다"고 한 즉, 요서와 오·월을 백제가 一時 차지했다는 것은 의심이 없다. 그러나 東史에서 다만 그 일을 잃어버렸을 뿐이다."[33]

> b-2. "『文獻通考』에서 晉 때 고구려가 이미 요동을 차지하자, 백제 역시 遼西·晉平을 차지했다[本 註 唐 때 柳城과 北平의 사이]. 살펴보니 唐 柳城 廢縣은 永平府城 서쪽 20리에 있다.

---

33 『增補文獻備考』 권14, 輿地考2, 歷代國界2, 百濟國. "臣謹按 三國史終百濟之世 未嘗有侵撓中國者 則遼西越州 以何時爲百濟所略有也 然而非但新·舊唐書文獻通考著 焉崔致遠上唐太師侍中狀云 高麗·百濟全盛之時 强兵百萬 南侵吳·越 北撓幽·燕·齊·魯 爲中國巨蠹 然則遼越之爲百濟一時之有無疑 而東史特逸其事耳"

漢 때 遼西郡에 속했다. 北平은 곧 右北平으로 지금 燕京 땅이다. 晉平은 2郡의 사이에 있었다. 『三國史』는 백제 때 한번도 중국을 侵擾한 흔적이 끝내 없으니 遼西와 晉平은 어느 때 차지하였으리요. 『新·舊唐書』는 모두 백제의 西界는 바다를 건너 越州에 이르렀다고 말한다. 최치원의 「上唐太師侍中書」역시 이르기를 "高麗와 백제가 전성할 때 强兵 100萬으로 남으로는 吳·越을 치고, 북으로는 幽·燕·齊·魯를 후벼서 중국의 큰 좀이 되었다"고 했다. 백제는 대개 바다를 건너 북으로 요서를 차지하였고, 南界는 越州였던 때가 있었다. 다만 東史가 소략하여 그 일을 잃어버렸을 뿐이다."[34]

c-1. 한치윤 : "또 우리나라의 戰役으로 말하면, 晉 때 백제가 일찍이 바다를 건너 북쪽으로 가 遼西 晉平郡을 차지하였으며, 또 齊와 魯를 침공하여 어지럽혔다."[35]

c-2. "後魏의 백제 침략도 역시 바다를 통해서였다."[36]

---

34 『旅菴全書』권5, 疆界考, 遼西晉平. "文獻通考 晉時高句麗旣略有遼東 百濟亦略有遼西晉平[本註唐柳城北平之間] 按唐柳城廢縣在永平府城西 二十里 漢時屬遼西郡 北平卽右北平 今燕京地 晉平在於二郡之間者也 三 國史終百濟之世無一侵擾中國之跡 遼西晉平以何時爲百濟所略也 新舊唐 書皆言百濟西界渡海至越州 崔致遠上唐太師侍中書亦曰 高麗·百濟全盛 之時 强兵百萬 南侵吳·越 北撓幽·燕·齊·魯 爲中國巨蠹云云 百濟盖 有渡海 而北略遼西南界越州之時矣 特東史疏略逸其事耳"

35 『海東繹史』권40, 交聘志8. "且以東國兵役言之 晉時百濟嘗越海 而北略 遼西晉平郡 又侵撓齊魯矣"

36 『海東繹史』권40, 交聘志8. "後魏之侵百濟 亦由海"

위의 b-1에서 인용한 『증보문헌비고』는 대한제국기인 1903~
1908년 사이에 칙명으로 편찬한 類書이다. 그러나 영조 연간(1724
~1776)에 편찬된 『문헌비고』의 개정 작업이 1769년에 왕명으로 시
작되어 徐命膺·蔡濟恭·徐浩修·申景濬 등이 주도해, 반년여 만에
총 13考 100권으로 완성되어, 1770년 8월에 인쇄되었다.[37] 고종
때 증보한 내용은 '續'이나 '補'로 표시하였다. 그런데 위에서 인용한
b-1에는 이러한 표시가 없다. 그러므로 1770년에 간행한 『문헌비
고』의 글귀(b-1)는 신경준의 글이 분명하다. 내용도 신경준의 『旅菴
全書』 疆界考와 대략 부합한다. 그러한 신경준은 역사를 객관적이
고 정밀하게 고증했다는 평가를 얻고 있다.[38] 한치윤 역시 백제의
요서경략을 명백히 인정했다. 다만 북위의 백제 공격(c-1)은 백제
본토를 염두에 두었던 것 같다. 그 밖에 淸末의 林壽圖(1809~1885)
는 1879년에 백제의 영역을 다음과 같이 명시하였다.

> d. "지금의 開原·廣寧·錦義·寧遠으로부터 남으로 蓋平·復洲·
> 寧海에 이르렀고, 또 동남으로 바다를 건너 이르른 조선의 全羅
> ·黃海·忠淸 등의 道가 백제였다."[39]

---

37 申奭鎬, 「解題」 『국역 증보문헌비고』, 세종대왕기념사업회, 1980, 1~
    14쪽.

38 朴仁鎬, 「신경준」 『한국의 역사가와 역사학(상)』, 창작과비평사, 1994,
    255쪽.

39 『啓東錄』 권2, 新羅. "自今開原·廣寧·錦義·寧遠 南至蓋平·復洲·寧

린쇼투는 비록 백제의 요서경략을 언급하지는 않았다. 그러나 그가 제시한 광활한 백제 강역은 『만주원류고』에 근거한 요서경략 수용이었다.

(2) 부정론

백제의 요서경략을 수용하지 않은 논자로는 安鼎福(1712~1791) 과 丁若鏞(1762~1836) 그리고 韓鎭書(1777~?)를 꼽을 수 있다. 요서 경략 부정론자들에 의해 이들의 인식은 傳家의 寶刀처럼 빠짐없이 거론되었다. 그러면 안정복의 다음 논거를 검토해 보기로 한다.

> e-1. "중국인들은 매번 부여와 백제를 혼동하여 일컫기 때문에 『南史』에서 '晉 때 句麗가 遼東을 차지하자 백제 또한 遼西와 晉平 두 郡을 차지하였다"고 했다. 『자치통감』晉 穆帝 永和 2년 에는 "처음에 부여는 鹿山에 있다가 백제[살펴보니 句麗의 잘 못인 듯 하다]의 침략을 받아 부락이 衰散해져 서쪽으로 燕 근처로 옮겼다.' 이러한 諸說은 모두 중국에서 잘못 傳聞된 것 인데, 공상과 억측으로 생각을 제기한 것이다."[40]

海 又東南跨海極朝鮮之全羅 · 黃海 · 忠淸等道者百濟也"

40 『東史綱目』附卷上上, 考異, 優台仇台之別. "中國人每以扶餘百濟混稱 故 南史云 晉時句麗略有遼東 百濟亦據遼西晉平二郡 資治通鑑 晉穆帝永和 二年 初夫餘居鹿山[按疑爲句麗之誤] 爲百濟所侵 部落衰散 西徙近燕 此 等諸說 皆中國傳聞之誤 而臆揣立說者也"

e-2. "魏가 백제를 침략하였으나, 이기지 못하고 돌아갔다. 魏主는 백제가 職貢을 하지 않자 군사를 바다로 보내와서 공격했으나, 이기지 못하자 돌아갔다."[41]

안정복은 백제와 북위의 전쟁을 인정했다(e-2). 그렇지만 백제가 바다 건너 중국대륙으로 진출했을 가능성은 인정하지 않았다. 반면 양쯔강도 건너지 못한 북위가 大海인 서해를 건너는 일은 가능하다고 보았다. 그는 북위는 가능하지만 백제는 불가하다는 인식을 지녔다.

그리고 안정복 말마따나 중국인들이 매번 부여와 백제를 혼동하여 일컬었다면, 자신이 인용한 『南史』에서 "晉世 句麗旣(卽)略有遼東 百濟亦據有遼西·晉平二郡地矣 自置百濟郡(a-4)"라고 한 구절의 '백제'는 곧 '부여'가 되어야 한다. 부여가 요서 지역에 거점을 확보한 것이다. 그러나 부여는 285년에 전연의 공격을 받아 나라가 거덜이 나는 시련을 겪었다. 이후 부여는 西晉의 지원으로 버티면서 쇠락의 길을 걸었다.[42] 부여가 요서 지역에 거점을 확보할 상황이 되지 못하였다. 따라서 부여를 백제로 혼동했다는 안정복의 '混稱' 주장은 근거가 없다. 게다가 더 이상의 사례 적시도 없으면서 "매번 부여와 백제를 혼동하여 일컬었다"는 주장은 안정복 자신의 표현

---

41 『東史綱目』第2下, 동성왕 10년. "魏侵百濟 不克而還 魏主以百濟不修職貢 遣使浮海來攻 不利而還" 이 구설에서 '使'는 '士'나 '師'의 誤記로 보인다.

42 『晋書』권108, 慕容廆載記.

대로 한다면 '공상과 억측'에 불과하다. 따라서 이를 안정복의 근거 있는 요서경략 부정론인 양 내세우는 주장도 재고되어야 한다.

그런데 중국 사가들이 부여와 백제를 혼칭했다는 안정복의 錯覺 說은, 후학들의 宿主 노릇을 하였다. 가령 백제가 남부여가 아닌 '동부여'를 칭한 적이 있었다는 주장과[43] 더불어, 요서경략 기사에 등장하는 '백제'는 지리적으로 볼 때 '부여'의 誤記라고 했다.[44] 게다가 요서 지역에서 포착된 부여계 인물들을 중국 사가들이 백제로 誤認했거나, 혹은 백제와 낙랑을 혼동했다는 주장으로 이어졌기 때문이다.[45] 즉 논자들이 부여계로 단정한 이곳 徐(餘)巖의 반란 사건을, 중국 사가들이 백제의 요서 진출로 착각했고, 백제는 요서 지역 부여계 주민의 도움으로 거점을 마련했다는 주장이 著例가 된다. 후자는 기존 견해에 상상을 덧붙여 自說로 꾸민 데 불과하다.

백제와 낙랑을 일치시킨 논거로는, 「양직공도」에서 주어로 해석한 '낙랑'과, 372년에 동진으로부터 근초고왕이 낙랑태수에 책봉된 사실을 결부 지었다. 그러나 전자의 해석은 오류로 드러났다(註4). 그리고 후자의 낙랑은 백제 상징이 되기는 어렵다. 왜냐하면 그 이

---

43 金毓黻, 『東北通史』, 國立東北大學硏究室叢書, 1941; 洪氏出版社, 1976, 258쪽.

44 金廷鶴, 『百濟と倭國』, 六興出版, 1981, 221쪽, 223쪽.

45 兪元載, 「中國正史 '百濟傳' 硏究」 『韓國上古史學報』 4, 1990, 149~278쪽; 『增補篇 中國正史百濟傳硏究』, 학연문화사, 1995, 94쪽.

전인 355년에 前燕이 고구려 고국원왕을 樂浪公에 책봉한 바 있기 때문이다. 494년에도 남제가 문자명왕을 낙랑공에 책봉했다. 548년에도 梁에서 고구려 왕에게 낙랑공을 내린 바 있다. 신라에서는 565년에 진흥왕이 북제로부터 낙랑군공에 책봉되었다. 594년에 隋는 진평왕을 낙랑군공에 책봉했다. 624년에 唐은 진평왕을 낙랑군공에 책봉하였다. 이후 635년과 647년, 그리고 662년에도 당이 선덕왕과 진덕왕, 그리고 樂浪郡王에 책봉된 문무왕의 '낙랑' 작호는 신라 왕들에게 지속적으로 이어졌다. 이렇듯 낙랑은 백제의 상징이 되지는 않았다. 따라서 '鎭東將軍·領樂浪太守' 책봉을 백제의 樂浪故地 확보와 결부 짓는 견해는 실효성을 잃었다. 실제 백제는 대방고지 일부라면 몰라도 낙랑고지를 확보하지도 못했다.[46]

신경준도 "신라 역시 낙랑을 칭했다. 이러한 소위 낙랑은 신라를 가리킨다"[47]고 했다. 따라서 백제와 낙랑 혼동설에 기반한 a-2에 대한 해석은 실효성을 잃었다. 다음은 정약용의 부정론이다.

---

46 313년에 張統 등이 1천여 家를 이끌고 모용외에 귀속하여 낙랑태수가 되었을 때 낙랑과 대방 지역의 백제 주민들도 요하유역으로 이주했을 가능성이 제기된다. 그런데 낙랑과 대방 주민들이 백제로 유입한 사례는 많지만, 逆으로 백제인들이 낙랑과 대방으로 이주한 사례는 확인되지 않았다. 설령 이주한 경우가 있다고 하더라도 이후 자신의 정체성을 백제에서 찾았는지는 미지수이다. 게다가 장통이 이끈 1천여 家 가운데 백제인은 과연 몇 명이었을까?

47 『旅菴全書』 권5, 疆界考, 百濟東有樂浪之辨. "新羅亦稱樂浪 此所謂樂浪 指新羅"

f. "『文獻通考』에서 말하기를, 唐 때 고구려가 이미 遼東을 빼앗자, 백제 역시 遼西와 晉平을 차지하였다. 살펴보니 백제는 근원이 夫餘에서 나왔고, 게다가 夫餘로 姓을 삼은 까닭에 中國 史書에서는 夫餘와 百濟를 매번 혼동하여 일컫는 일이 많았다. 『南史』에서 이르기를, '晉 때 句麗가 遼東을 차지하자, 백제 역시 遼西와 晉平 2郡에 의거하였다'고 했다. 이 백제 또한 夫餘 國을 가리킨다. 中國은 外夷事에 있어서 이처럼 잘못된 기록이 많다."[48]

다산 정약용의 소견은 앞서 제기한 안정복의 견해와 동일하다. 그런데 다산이 史書도 아닌 宋代의 정치서인 『문헌통고』를 인용한 것은 뜻밖이다. 그리고 백제의 요서경략 시점을 '唐時'라고 했으니 오류가 분명하다. 다산이 인용했다는 『문헌통고』에서는 '晉時'로 적혀 있다. 그런데 1770년에 간행된 『문헌비고』에서는 "文獻通考曰 唐時高句麗旣略有遼東 百濟亦略有遼西晉平"라고 적혀 있다. 다산은 『문헌통고』를 직접 읽은 게 아니라 『문헌비고』에 수록된 '文獻通考' 를 재인용한 것으로 보인다. 이로 인해 다산은 『문헌비고』의 오류 를 답습하였다.

---

48 『與猶堂全書』附 雜纂集1, 文獻備考刊誤, 권7 輿地考. "十三號 文獻通 考曰 唐時高句麗 旣略有遼東 百濟亦略有遼西 · 晉平 案百濟源出夫餘 而 又以夫餘爲姓 故中國史書 夫餘 · 百濟 每多混稱 南史云 晉時句麗 略有 遼東 百濟亦據遼西 · 晉平二郡 此百濟亦指夫餘國也 中國於外夷事 多錯 記如此"

게다가 『南史』의 '晉時'는 전체 265~420년에 해당한다. 서진과 동진을 아우르더라도 부여가 고구려에 대응하여 요서 지역을 지배하기는 현실적으로 어렵다. 앞서 거론했지만 285년에 전연의 모용외가 부여를 침공하였다. 이때 부여 왕 의려가 자살하는 등 국가가 거의 망하다시피했다. 이후 서진의 지원으로 부여는 재건되었지만 쇠락의 길로 접어들었음은 익히 알려졌다. 왜냐하면 346년에도 부여는 전연의 공격을 받아 왕과 주민 5만여 명이 붙잡혀 갔기 때문이다(a-6). 따라서 晉代에 부여가 요서 지역에 진출할 수 없는 정황이었다.

다산의 "夫餘와 百濟를 매번 혼동하여 일컫는 일이 많았다"는 분석은 자신의 독보적인 견해도 아닐뿐 더러 명성에 전혀 걸맞지 않으니 어처구니없다.[49] 그렇지만 숙주 노릇을 했다. 일례로 백제가 동부여를 칭했다는 진위푸 주장의 연원은, 순암과 다산에서 찾을 수 있다. 다음은 한진서의 요서경략 부정론이다.

---

49 윤용구는 "안정복과 김정희의 절충론(부여 혼동론)이 제시되었다" · "안정복과 김정희가 제시한 방법" · "… 혼동한 것이라는 안정복, 김정희 등 조선후기 이래의"(윤용구, 「백제 '요서진출설'의 문헌적 검토」 『백제와 요서지역』, 한성백제박물관, 2015, 291쪽, 294쪽, 299쪽)라고 했다. 윤용구 논문 1편 중 모두 3곳에서 '김정희'가 등장하는 것을 볼 때 단순 誤記는 아닌 것 같다. 자신이 앞에서 『與猶堂全書』를 典據로 한 것을 보니 丁若鏞을 잘못 적은 것이다. 秋史 金正喜는 요서경략을 논한 바 없다.

g. "삼가 살펴보건대 『문헌통고』에도 이 조항을 인용하였는데, 自注에 이르기를, '요서와 진평은 唐 때 柳城과 北平 사이에 있었다'고 하였다. 鎭書가 삼가 살펴보니 萬里나 되는 바다를 건너가 요서 지역의 몇 개 郡을 차지했다는 것은 일이 사리에 맞지 않다. 『송서』가 명백히 잘못이다. 『양서』 및 『문헌통고』는 『송서』를 무작정 따라한 것으로 족히 증거가 없다."[50]

한진서의 주장은 지극히 단순하다. 바다를 건널 정도의 먼 곳에 진출하는 일은 무리라는 것 아닌가? 현상적이고 감상적인 단언에 불과하므로 의미를 부여할 필요조차 없다. 실제 김상기도 "다만 막연히 '萬里나 되는 바다를 건너가 云云'은 속단으로 간단히 다루어질 성질의 것이 아니요"라고 했다. 『남제서』에서 보듯이 백제군은 북위군을 해상에서 격파하였다. 그럼에도 한진서는 덮어놓고 "일이 사리에 맞지 않다"고 무조건 부정했다고 질타했다. 오히려 김상기는 진취적인 기백을 발휘한 백제인들의 활발한 해상 활동과 일본열도 진출을 언급하였다.[51] 다음은 요서경략 부정론의 元祖格인 那珂通世(1851~1908)의 견해이다.

---

50 『海東繹史』 권8, 地理考8, 百濟. "… 鎭書謹案 越海萬里 據有遼西數郡 事不近理 宋書明是有誤 梁書及通考徒襲宋書 無足徵也"

51 金庠基, 「百濟의 遼西經略에 對하여」 『白山學報』 3, 1967; 『東方史論叢(개정판)』, 서울대학교 출판부, 1984, 431~432쪽.

h. 고구려가 요동을 경략할 무렵 요서 지역은 慕容氏에 속해 있었기에 백제기 경략을 말하는 것은 맞지 않다. 南朝는 백제의 격절되었기에 백제 요서경략은 誤聞이었다. 『자치통감』에서 부여를 공격한(a-6) 백제도 誤傳이다.[52]

나카 미치요는 晋末의 遼西는 모용선비 영역이었기에 백제가 힘을 뻗을 수 없었다. 그리고 남조계 사서에만 수록된 요서경략은 백제와의 지리적 격절에서 빚어진 誤聞에 불과하다고 했다. 이러한 논조는 이후 한국 연구자들의 부정론에 깊은 영향을 미쳤다.

2) 일제하의 요서경략 인식

(1) 긍정론

백제의 요서경략은 해외식민지 건설을 뜻한다. 고대 한국인의 진취적인 기상을 알려주는 壯擧로 해석했다. 그러니 요서경략은 일제 식민사학에 맞설 수 있는 중요한 역사 자산이었다. 또 그랬기에 민족주의 사학자인 단재 申采浩(1880~1936)와 담원 鄭寅普(1893~1950)는 요서경략 수용론을 다음과 같이 각각 제기했다.

i. 신채호 : 近仇首가 기원 三七五년에 卽位하여 在位 十年 동안에 고구려에 對하여는 겨우 一次平壤의 侵入만 있었으나, 바다를

---

52 故那珂通世博士功績紀念會,「外交繹史卷二-百濟考」『那珂通世遺書』, 大日本圖書株式會社, 1915, 139쪽.

건너 支那大陸을 經略하여, 鮮卑 慕容氏의 燕과 苻氏의 秦을 征伐, 今 遼西 山東 江蘇 浙江 等 地를 經略하여 廣大한 土地를 장만하였다. 이런 말이 비록 百濟本紀에는 오르지 않았으나, 『梁書』와 『宋書』에 "百濟 略有遼西晋平郡"과 『資治通鑑』의 "夫餘 初據鹿山 爲百濟所殘破 西徙近燕"이 이를 證한다. 대개 近仇首가 近肖古의 太子로서 軍國大權을 代理하여, 이미 侵入하는 고구려를 擊退하고, 進하여 今 大同江 以南을 並呑하고는, 이에 海軍을 擴張하여 바다를 건너 支那 大陸을 侵入하여, 慕容氏를 쳐서 遼西와 北京을 빼앗아 遼西 晋平 二郡을 設하고, 鹿山(今 合爾濱)까지 들어가 扶餘 서울을 占領하여 北扶餘가 今 開原으로 遷都함에 이르렀으며, 慕容氏가 亡한 뒤에 今 陝西省에서는 秦王 苻堅(또한 鮮卑族)이 强盛함에, 近仇首가 또 秦과 싸우니, 今 山東 浙江 等 地를 가진 晋을 쳐서 또한 다소의 州郡을 빼앗으므로, 諸書의 記錄이 대략 이같음이니라.[53]

j. 정인보 : 백제는 해상 진출을 통해 중국의 登州와 萊州 부근에 군사적 거점을 설정하였다. 이와 관련해 黃縣 서남쪽 25리 지점의 百支萊王 祠堂은 다름 아닌 백제 제후왕의 사당이다. 백제는 분서왕 혹은 비류왕 때 鹿山의 부여를 공격하여 서쪽으로 몰아붙였다. 그리고 백제와 모용선비 간에 포착된 전쟁 사실은 요서 지역에 대한 패권 쟁탈전의 결과였다. 백제가 요서에 진평군을 설치한 것은 그러한 산물이었다. 요서경략을 전쟁과 병행하는 거대 무역권의 설정이라는 차원에서도 접근하였다. 백제는 永嘉(307~312)의 난 이후 중국 대륙이 남북으로 격절된 틈을 이용

---

53 丹齋申采浩先生紀念事業會, 「朝鮮上古史」 『改訂版 丹齋申采浩全集(上卷)』, 螢雪出版社, 1987, 204쪽.

하여 무역의 이익을 거의 독점했다. 백제는 산동을 비롯하여 요동·요서에서 교역을 하였다. 모용선비도 수요가 필요한 관계로 교역을 차단하지 않았다. 백제는 동진 이래 중국 남부와 북부에 대한 해양 패권을 장악하였다.[54]

단재 신채호는 일찍이 "朝鮮 歷代 이래로 바다를 건너 領土를 둔 자는, 오직 백제의 近仇首王과 東城大王의 兩代이다"라고 하면서 백제의 '海外植民地'를 云謂하였다.[55] 이러한 서술의 적확성 여부와는 상관없이 백제는 삼국 가운데 바다를 잘 이용했다. 백제는 빼어난 항해술을 보유했기에 중국 대륙이나 일본열도와 활발히 교역한 것으로 평가받았다.[56]

정인보는 백제의 요서경략을 모용씨가 敗散한 다음에 置郡한 것으로 추정했고, 그 시점을 370년(근초고왕 25)으로 지목했다.[57] 백제의 요서 진출 시점을 모용선비의 敗散에서 찾은 것은 炯眼이 분명

---

54 鄭寅普,「五千間 朝鮮의 '얼'」『東亞日報』1936. 3.3, 3.4, 3.6, 3.7, 3.15, 3.17, 3.18;『朝鮮史研究(下)』, 서울신문사, 1947, 199~214쪽.

55 丹齋申采浩先生紀念事業會,「朝鮮上古史」『改訂版 丹齋申采浩全集(上卷)』, 螢雪出版社, 1987, 224쪽.

56 孫晋泰,『國史大要』, 乙酉文化社, 1949, 36쪽.
金哲埈,『韓國古代社會研究』, 知識産業社, 1975, 54쪽.

57 鄭寅普,「五千間 朝鮮의 '얼' 百濟의 海上發展(五)」『東亞日報』1936. 3.15;『朝鮮史研究(下)』, 서울신문사, 1947, 209~210쪽.

52 한국고대사 최대 쟁점 **백제 요서경략** 遠西經略

하다. 그랬기에 논지는 후학들에게 영향을 미쳤다. 백제의 요서경략을 근구수왕대로 지목한 견해도 이와 동일한 것이다. 그리고 담원이 요서경략을 상업교역권과 결부 지은 해석은 김철준에게 영향을 미친 결과, 1974년 이후 고등학교 국정 국사 교과서에 수록되었다.

그 밖에 淸末의 丁謙(1843~1919)도 백제의 요서경략을 수용하였고, 구체적인 시점과 위치를 다음과 같이 명시했다.

> k. "(『宋書』夷蠻)傳에서 이르기를 (백제가) 고구려와 함께 遼東의 동쪽 천여 里에 있었다는 것은 잘못이다. 백제는 遼西 2郡에 웅거하였는데, 대략 後燕이 亂亡할 때를 타고 바닷길을 이용해 습격하여 이곳을 얻은 것이다. 晉의 『地志』를 살펴보니 遼西郡은 지금 直隸省 永平府 땅에 설치한 것이다. 晉平郡은 이름을 상고할 수 없는데 곧 燕의 平州인데, 지금 熱河省 朝陽府이다."[58]

딩챤은 백제가 요서에 진출한 시기를 후연이 '亂亡할 때'라고 했다. 후연 멸망 직전의 곤경한 틈을 이용해 백제가 기습적으로 점령했다는 것이다. 딩챤이 지목한 시점은 탁견이 분명하다.

---

58 丁謙, 「梁書夷貊傳地理攷證」 『浙江圖書館叢書一集』, 浙江圖書館, 1915. "傳云與高句麗俱在遼東之東千餘里 誤也 其據有遼西二郡 蓋勝後燕亂亡時 由海道襲而得之 按晉地志 遼西郡置於今直隸永平府地 晉平郡名無攷 當卽燕平州 今爲熱河朝陽府地"

(2) 부정론

일제는 官學 중심으로 한국사 연구를 독점했다. 이들은 백제의
요서경략을 부정일변도로 인식했기에 거론 자체를 하지 않았다. 특
히 부정론의 원조격인 나카 미치요의 주장은 지대한 영향을 미쳤
다. 대부분 이를 수용하는 입장이었기에 더 이상의 논의는 없었다.
다음은 중국인 金毓黻(1887~1962)의 요서경략 부정론이다.

> 1. "이때 백제는 북으로는 고구려와 땅을 접하였기에 만약 바다
>   를 건너 요서를 경략하러 군대를 이동하는 일은 몹시 어려우
>   므로, 이것은 반드시 없던 일이었다. 『魏書』・『北史』 백제전 및
>   『資治通鑑』을 증거로 하여도 모두 이 일이 있었다고 말하지 않
>   았다. 이것은 南朝 傳聞의 잘못이 되니 더 이상 말할 필요도 없
>   다."[59]

진위푸는 백제가 바다를 가로질러 요서 지역에 진출하는 일은
현실적으로 가능하지 않다고 보았다. 그리고 백제의 요서경략은 북
조계 사서에서는 보이지 않으니 남조에서 잘못 전해 들은 이야기
로 단정했다. 진위푸의 주장은 나카 미치요의 시각에서 벗어나지
않았다.

---

59 金毓黻, 『東北通史』, 國立東北大學研究室叢書, 1941; 洪氏出版社,
    1976, 236쪽.

3) 해방 이후의 요서경략 인식

1945년 해방 이후 남과 북 2개의 정권이 수립되었다. 또 각 정권은 체제 지향점이 달랐기에 역사상도 차이가 날 수밖에 없었다. 따라서 백제의 요서경략 인식을 남과 북 2체제로 구분하여 살펴보았다. 이와 동시에 요서경략에 대한 일본 연구자의 수용론도 소개했다.

(1) 남한

① 긍정론

백제의 요서경략을 수용한 논저 가운데 연구사적으로 의미 있는 대표적인 논지만 소개해 본다. 그간 신민족주의 사학자인 민세 安在鴻(1891~1965)과 남창 孫晋泰(1900~?)는 관련 연구사에서 소외되어 왔었다. 다음은 안재홍의 견해이다.

> m. 『송서』백제국전(a)의 요서경략은 "義熙十二年(416) 以百濟王餘映" 운운의 기사가 따라 적혀 있으므로 동진대의 일이었다. 『통전』에서는 요서와 진평 2군의 소재지를 밝힌 후 북위(후위) 효문제(471~499)가 군대를 보내 이곳을 정복하여 격파했다고 하였다. 요서군과 진평군은 북위와 영토상 직접적인 관계가 있는데, 『남제서』백제국 조의 冒頭가 없어진 것은 고의적인 闕文이었다. 그리고 남아 있는 姐瑾 등 4인의 '攘除國難'을 칭송하는 문구는 남제 永明 6년(488)에 북위의 침공을 격파한 사실을 가리킨다. 북위는 490년에 재차 백제를 침공한 바 있다. 이와 관련해 『통전』의 "後魏孝文 遣衆征破之" 기사는 요서군·진

평군과 연계되었음이 분명하였다. 『魏書』 이후의 사서에서는 이 사실을 치욕으로 여겨 누락시켰다. 백제가 요서를 경략한 시기는 근구수왕대(375~384)였다.[60]

민세 안재홍은 백제와 북위와의 전쟁을 진평군 설치와 결부지어 해석했다. 북위 효문제의 백제 침공은 陸續을 전제했을 때 가능하기 때문이다. 그리고 북조계 사서에서 백제의 요서경략이 누락된 이유도 밝혔다. 羞恥로 여겨 고의적으로 은폐한 것으로 보았다. 다음은 손진태의 견해이다.

n-1. "이때의 국제 정세를 一瞥하면, 중국에는 남북조가 對立(440~589年)하여, 黃河 以北의 中國 北半에 雄據한 拓跋氏의 後魏(或云 北魏) 帝國은 百餘年에 亘한 五胡 十六國의 殺伐한 混亂을 收拾하고, 五世紀 末頃에는 백제가 多大한 犧牲으로써 約 一世紀間 占領하였던 遼西·晉平二郡(灤河 以東 遼河 以西의 地域으로서 百濟는 이에 百濟郡을 設置하였다)까지 征服하여, 遼河로써 高句麗와 國境을 接하게 되매… 이에 對抗하여 백제는 신라와 修好하고, 또 신라를 견제하기 위하여 日本과도 親善關係를 맺은 뒤에 四世紀 末부터 五世紀 末에 亘하여 고구려 및 遼西에 向하여 積極的 攻勢를 取하여 國都를 漢城에 옮기고(三七一年) 一時는 北魏·高句麗와 比肩할 强國이 되었으니 實로 백제의 全盛期이었다. 그러나 五世紀

---

60 安在鴻, 『朝鮮上古史鑑(下)』, 民友社, 1948, 250~256쪽.

末에 이르러 北魏에게 遼西地方을 喪失하고, 四七五年에는 고구려와 激戰에 漢城(지금 서울)이 陷落되고…"[61]

n-2. "백제는 四世紀 末로부터 五世紀 末에 이르는 約 一世紀 동안에 가장 强盛하여 高句麗·新羅와 자주 싸우고, 한편으로는 中國 北方의 混亂한 틈을 타서 遼西 地方을 占領하여 거기에 百濟郡을 두었다."[62]

　　남창 손진태의 요서경략 수용은, 근구수왕대의 해외 경략을 논한 단재의 『조선상고사』 서술과 비교해 볼 수 있다. 남창은 백제가 요서를 경략한 기간을 "四世紀 末부터 五世紀 末"로 설정했다. 여기서 '四世紀 末'은 근구수왕대(375~384)에 해당하여 단재가 백제의 요서경략을 단행한 시점으로 지적한 근구수왕대와 부합한다. 남창의 역사 서술에는 단재의 민족주의 사학이 일정한 영향을 미쳤음을 보여준다.[63] 남창은 당시 백제의 국세를, 북위나 고구려와 비견하는 동아시아의 강국으로 지목했다. 다음은 육당 崔南善(1890~1957)과 동빈 金庠基(1901~1977), 그리고 洪以燮(1914~1974)의 견해이다.

61　孫晉泰, 『朝鮮民族史槪論(上)』, 乙酉文化社, 1948, 122~123쪽.

62　孫晉泰, 『國史大要』, 乙酉文化社, 1949, 58~59쪽.

63　李道學, 「南滄 孫晉泰의 韓國古代史 敍述과 認識」 『고조선단군학』 31, 2014, 257~258쪽.

o. 최남선 : 중국의 정사인 『송서』와 『양서』에는 고구려가 요동을 차지하고 있을 때 백제는 바다를 건너 요서의 신평군 등지를 점거하여 백제군을 두었다는 기록이 있다. 육지에서는 고구려에 막혀 될 수 없는 일이지만 아무 방해를 받지 않는 바다를 건너가서는 가능한 일이었다. 후대의 역사가들은 이 기록을 의심하여 말살하고 있지만, 正史에 더욱이 半島國家라고 쉽게 생각하는 중국의 문헌에 적힌 것은 이유가 있었을 것이다. 백제의 요서경략처럼 한국인들의 해상활동 사실이 문헌에 남지 않아 술하게 湮沒되었음을 생각해야 한다. 해상왕 장보고의 사적도 중국이나 일본 사서가 아니었다면 그 위대한 활동 내용을 알 수가 없었을 것이다.[64]

p. 김상기 : 요서경략에 관한 기사를 언급한 후에 『通典』에서 "遼西晉平二郡"의 소재지를 "今柳城北平之間"이라고 하여 구체적으로 밝혀 놓았다. 당시 백제는 바다 건너의 倭 뿐 아니라 東晉이나 劉宋과도 화친을 맺었다. 이 모두 고구려를 견제하기 위한 전략에서 연유하였다. 그 시점은 근초고왕 末年(東晉末)의 일로 추정된다. 그리고 『南齊書』에 보이는 백제와 북위와의 전쟁은 정황상 요서 지역에서 발생한 것으로 간주해야 한다. 아울러 崔致遠의 「上太師侍中狀」에서 "高句麗와 百濟의 全盛 時節에는 強兵이 百萬이나 되어 南쪽으로는 吳·越을 侵犯하였고, 北으로는 幽·燕·齊·魯 地域을 흔들어서 中國의 큰 좀[蠹]이 되었다"는 기사를 통해서도 중국대륙에서 백제와 고구려의 競爭 樣相을 읽을 수 있다. 그 밖에 요서경략을 기록한 『宋書』와 『南齊

---

64 崔南善,「海洋과 國民生活」『月刊 地方行政』 2卷-4號, 대한지방행정공제회, 1953;『六堂崔南善全集 10』, 玄岩社, 1974, 547쪽.

書』는 후세의 追撰과는 달리 當代의 기록이기 때문에 사료적 신
빙성이 더욱 높다.[65]

q. 홍이섭 : "백제는 한편 고구려와의 상호 접전에서 보다 벗어나
바다 건너 중국 대륙의 遼西·山東의 江蘇·浙江의 경략과 '遼西
晉平郡'에서 東으로 扶餘의 故地 鹿山을 뚫는다. 바로 半島-遼東
·遼西, 華北地帶로 다시 滿洲에 걸쳐 고구려·백제와 燕·秦·
魏와의 각축전이 전개되고 동북면의 패권을 麗濟의 決戰에 맡겨
진 때였다."[66]

　육당 최남선은 중국 正史가 아니었다면 묻힐뻔했던 사례를 언급
하면서 요서경략을 수용했다. 한국을 약소국으로 홀대해 왔던 중
국에서, 그것도 정사에 수록된 사실을 환기시켰다. 그리고 동빈 김
상기는 요서경략 사료의 신빙성과 경략 동기, 그리고 시점과 거점
을 모두 적시했다. 이 논문에 대해서는 "단문이면서도 가장 精彩를
발한다. 이것은 삼국시대 백제의 위상뿐 아니라 그것을 둘러싼 동
아시아 전체의 구도도 지금과는 달리 인식될 가능성을 시사했다
는 점에서 중요한 의미가 있지만, … 종래 별로 강조되지 못한 우리
민족의 진취적 해상활동을 새로이 부각시킨 것은 당시 학계의 수

65　金庠基, 「百濟의 遼西經略에 對하여」 『白山學報』 3, 1967; 『東方史論叢
　　(개정판)』, 서울대학교 출판부, 1984, 426~433쪽.

66　洪以燮, 「百濟史의 性格과 그 文化的 特質」 『韓國思想』 9, 1968; 『洪以
　　燮全集 7(史論)』, 연세대학교 출판부, 2003, 373쪽.

준에서는 가히 독보적이었다"[67]는 평가가 붙었다. 그리고 홍이섭
은 백제의 중국 대륙 진출을 상당히 적극적으로 서술했다. 다음은
1970년대~2000년대 관련 논문들의 주요 논지를 소개한 것이다.

    r. 方善柱 : 백제는 요서 지역에 前燕 말기인 360~370년경에 郡
       縣을 설치하였다. 그리고 5세기 말~6세기 중엽까지의 北魏末
       華北 지방은 漢人들의 거듭된 반란으로 혼란에 빠진 상황이
       었다. 이 틈을 타고 백제가 진출하여 華北 연해의 城陽 · 廣陽
       · 廣陵 등에 거점을 확보했다. 이와 관련해 488~490년에 백
       제는 북위군을 격파한 바 있고, 571년에 백제 위덕왕이 화북
       과 관련한 '사지절도독 동청주제군사 동청주자사'에 책봉받
       았다.[68]

   s-1. 金哲埈 : 근초고왕대에 요서 지역을 점유하였다. 중국에서 南
       北朝間의 전쟁이 거듭될 때 백제는 劉宋의 요청으로 북중국
       진출을 단행하였다. 백제는 475년의 한성 함락 이후에도 중
       국 山東省 이남 지역에도 어느 정도 영역을 보유하였기에 "魏
       遣兵來伐爲我所敗(『삼국사기』 동성왕 10년 조)"라고 하였듯
       이 북위 군대의 공격을 막아낼 수 있었다. 490년(동성왕 12)
       에 북위군을 물리친 백제 귀족들에 대한 논공행상을 한 것은
       이때도 백제 세력은 여전히 중국에 존속되었기 때문이다. 백
       제는 북중국에 남아있던 貊族과 연결함으로써 중국과 무역을

---

67 李成珪, 「김상기」 『한국의 역사가와 역사학(하)』, 창작과비평사, 1994,
    271쪽.

68 方善柱, 「百濟軍의 華北 進出과 그 背景」 『白山學報』 11, 1971, 1~26쪽.

하고 동진 이후에는 북중국 지역에 진출하였다.[69]

s-2. "백제는 황해를 건너 요서 지역에 식민지를 건설하였고…"[70]

이상에서 보듯이 방선주와 김철준은 백제의 요서경략은 물론이고 산둥성 일대 진출도 기정 사실로 받아들였다. 특히 김철준의 "백제는 북중국에 남아 있던 貊族과 연결함으로써(s-1)"라는 견해는, 강종훈을 비롯한 후학들에게 영향을 주었다. 다음은 李道學의 견해이다.

t-1. "晉平郡은 泰始 4년(468)에 지금의 福建省 福州市에 설치되었다가 471년에 晉安郡으로 고쳐진 것으로 나타났다(復旦大學歷史地理研究所, 『中國歷史地名辭典』, 1988, 708쪽). 이러한 기록이 타당하다면 백제가 航路와 관련하여 福州 지역에 설치한 晉平郡은, 이것을 둘러싼 劉宋과의 갈등으로 3년 만에 폐지되었고, 이듬해인 472년에 백제는 劉宋과 대립 관계에 있던 북중국의 北魏와 교섭을 가진 것일 수 있다. 그러나 이와는 달리 晉平郡은 "晉平, [縣名]晋置 屬廣州鬱林郡 南宋·南齊因之 今闕當在廣西境"(劉鈞仁, 『中國歷史地名大辭典』 2, 1980, 832쪽)라고 하였으므로, 廣西自治區 내의 蒼梧縣 일대가 된다. 그리고 百濟郡은 "百濟, [地名]在廣東欽縣西北百八十里 有墟 爲奧桂二省交界處"(앞의 책 3, 1396쪽)라고 하였다.

69 金哲埈, 「백제 사회와 그 문화」 『武寧王陵』, 문화재관리국, 1973; 『韓國古代社會硏究』, 知識産業社, 1975, 51~54쪽.

70 金哲埈, 『韓國古代國家發達史』, 한국일보사, 1975, 88쪽.

마찬가지로 광서자치구 내가 된다. 진평군에 관한 어떠한 기록이 믿든 간에 백제군과 디불이 해변이거나 해변과 가까운 이들 지역은, 崔致遠의 「上太師侍中狀」에서 백제가 침범하였다는 吳·越 지방과 관련있다. 그러므로 백제가 福州市 방면에 진출하였을 가능성은 짚어 볼만하다. 더욱이 백제는 6세기대에 제주도-북규슈-오키나와-대만해협-필리핀군도-인도차이나반도-인도에 이르는 항로를 개척하였을(李道學, 「百濟의 交易網과 그 體系의 變遷」『韓國學報』63, 一志社, 1991, 94~102쪽) 정도로, 발달된 항해술과 넓은 교역반경을 가지고 있었던 만큼, 그 남방항로의 개척은 그 이전의 福州나 광서 지역 루트 확보와 연결지을 수 있기 때문이다. 참고로 진평군이 설치된 지역은 북중국에서는 찾아볼 수 없는 팥문화권에 속하거니와, 이 팥문화는 한반도와 일본열도에서도 확인된다는(裵基同 譯, 『일본인의 기원』1992, 185쪽) 점에서 시사하는 바가 있다."[71]

t-2. "고구려의 遼東經略 기사에 이어 백제의 요서 지역 진평군 설치 기사가 보인다. 백제의 요서경략 시점은 「양직공도」에서 '晉末', 『양서』에서 '晉世', 『송서』에서도 백제가 설치한 郡名을 晉平郡이라고 하여, 모두 '晉'의 존재가 거론되었다. 백제의 요서경략 기사는 488년에 편찬된 晉의 後身인 劉宋의 역사를 담은 『송서』에 제일 먼저 적혀 있다. 여기서 西晉과 東晉은 후대의 구분일 뿐 당시는 모두 '晉'으로 일컬어졌다. 그러므로 晉末은 東晉末로 지목하는 게 자연스럽다. 더구나 고구려가 요동을 완점한 시점과 결부 지어 본다면, 백제의 요서경

---

71 李道學, 『백제고대국가연구』, 一志社, 1995, 111~112쪽 註197.

략은 동진이 멸망하는 420년을 下限으로 한다. 대략 東晉末인 400~420년 어느 시점으로 볼 수 있다.

이러한 시점에서 당시 후연은 요동 지역의 지배권을 놓고 고구려와 격돌하는 상황이었다. 즉 400년에 후연은 기습공격으로 신성과 남소성을 비롯한 고구려 서방의 700여 里의 영역을 略取했다. 이에 대한 일대 반격 과정에서 고구려군은 402년에는 廣寧의 宿軍城을 점령하였다. 고구려는 요하 서쪽까지 진출한 것이다. 404년에 고구려는 깊숙이 후연의 內地까지 진격했다. 405년에 후연은 고구려의 요동성을 공격했지만 이기지 못하고 물러갔다. 406년에 후연군은 고구려의 목저성을 공격했지만 역시 패퇴하였다. 후연은 고구려의 요동 지역을 공격했다가 연패한 것이다. 고구려는 이미 402년의 다링허大凌河流域 진출과 더불어 404년에 지금의 北京에 소재한 燕郡을 공격했을 정도로 후연을 크게 위협하고 있었다. 고구려군의 燕郡 공격이 후연 몰락의 직접적인 요인이 되었다고 한다.

그러할 정도로 고구려에 대한 후연의 위기감은 어느 때보다 高潮된 상황이었다. 후연과 고구려의 팽팽한 대결 구도 속에서 결국 후연이 몰리게 되었다. 이 상황에서 후연이 선택할 수 있는 길은 고구려와 적대 관계인 백제로부터의 지원이었다. 백제가 이러한 후연의 제의를 거절하기는 어려웠을 것이다. 백제가 내심 기다렸던 시나리오일 수도 있었기에, 백제군의 海外出兵이 단행된 것으로 보인다. 그럼에 따라 한반도 내에서 백제와 고구려의 군사적 대결이 이제는 공간을 훌쩍 뛰어넘어 요하 일대로까지 확대된 것이다.

그런데 408년에 後燕을 이어 갑자기 등장한 高雲의 북연 정권은 고구려와의 관계를 개선했다. 그러자 요서 지역에 출병한 백제군은 입장이 모호해진 상황에 놓였다. 이제는 백제가 북연을 겨냥해야 하는 현실이 되었다. 결국 "自置百濟郡"라고 하였듯이 백제는 출병했던 요서 지역에 신병군을 설치하여 실효지배 과정을 밟게 되었다. 遼西 지역의 백제군은 북위가 東進하여 北燕을 압박할 때 협조했던 관계로 그곳에서의 '自置'를 묵인받았을 수 있었을 것이다. 그러나 북위가 북중국을 통일한 이후 어느 때부터 진평군은 북위에게 눈엣가시같은 존재였을 게 자명하다. 고구려와 대결하고 있던 백제는 사세가 다급하자 어쩔 수 없이 처음이자 마지막인 472년에야 북위에 지원을 요청하는 사신을 파견하였다. 백제가 북위에 지원을 호소한 시기가 너무 늦다는 것이다. 그 이유도 진평군을 에워싼 양자 간의 이해가 상충한데서 그 원인을 찾을 수 있을 것 같다. 당시 백제가 이상하리 만치 南朝 일변도의 외교를 펼친 것도 북위 판도의 진평군으로 말미암은 불가피한 선택으로 보여진다. 진평군은 동성왕대인 488년과 490년에 백제와 북위의 전쟁 때까지도 존속했던 것 같다. 어쨌든 이 과정에서 확보한 중국인들의 백제로의 移住도 상당했을 것으로 추측된다."[72]

필자는 당초 진평군의 소재지를 중국 지명사전에 근거해 푸저우 福州나 광시좡족자치구로 비정하였다.[73] 백제의 남방 해양 활동의

---

72 李道學, 「百濟의 海外活動 記錄에 관한 檢證」『2010세계대백제전 국제 학술회의』, 2010세계대백제전조직위원회, 2010.10.1; 『충청학과 충청문화』11, 충청남도역사문화연구원, 2010, 6~8쪽.

73 강봉룡은 이도학의 논지에 공감했다(강봉룡, 「백제문화를 통해본 고대 동아시아 세계」『百濟文化』31, 2002, 19쪽, 註26).

백제의 요서 경략을 역사에서 지우려하지 마라
〈遼西〉

우리나라 역사상 해외파병 하면 베트남 파병이나 고려말 이성계의 요동 동녕부 공격을 떠 올린다. 이와 관련돼 백제의 요서경략설을 읊미해 본다. 488년에 편찬된 중국 사서 송서에 보면 "백제국은 본래 고구려와 함께 요동의 동쪽 천여리에 있었는데. 그 후 고구려가 요동을 경략하자 백제는 요서를 경략했다. 백제가 다스리는 곳을 진평군(晉平郡) 진평현이라고 한다 '고 적혀 있다. 백제가 중국 라오닝성의 서부분인 요서 (遼西) 지역에 설치한 해외 식민지인 진평군을 언급했다. 이 기사는 민족주의 사학자들에게는 민족의 기상을 드날릴수 있는 호재로 여겼지만. 신빙성 없는 기록으로 간주하는 이들이 많았다. 백제가 한반도 내에서 고구려와 전쟁하는 것도 힘에 부치는데. 해외로까지 진출한다는 자체를 폰믐없는 기록으로 여겼던 것이다.

그러나 백제의 요서경략설은 양서를 비롯한 중국 사서에 명백히 적혀 있고 이와 더불어 백제가 북위와의 전쟁에서 승리한 기록이 삼국사기와 중국 정사인 남제서에 각각 보인다. 이 기사 역시 유목민족의 선비족이 세운 북위가 바다를 가로질러 백제를 공격했을 리도 없고. 그렇다고 백제가 해상으로 진출해서 북위를 공격했을 것 같지도 않다는 판단하에 오류로 간주되기도 한다. 또는 백제 동성왕이 북위의 양숙인 남제(南齊)의 황제로부터 칭찬 받을 목적에서 만들어낸 허위 기록이라는 주장한다. 나왔다. 혹은 백제가 북위가 아니라 고구려와 치른 전쟁으로 해석하거나. 고구려의 양해 하에 북위군이 육로를 이용해 백제를 침공했다는 기상천외한 해석도 나왔다. 모두 백제의 해상 진출을 부정하려는 저의가 담겼다.

이쯤 되면 해양강국 백제라는 많은 구두선

시 론

이 도 학
한국전통문화학교 교수·한국고대사

"
그리고 보면 '고구려가 요동을 경략하자 백제는 요서를 경략했다.'는 구절은 정확한 기록인 것이다. 488년과 490년에 백제가 북위의 기병 수십만의 침공을 격퇴하고 해상전에서 승리한 전쟁은 진평군을 에워싼 전투가 분명하다고 본다.

"
이나 메아리 없는 구호에 불과하다는 생각이 든다. 한반도를 공간적 범위로 해서 고구려와 자웅을 겨루던 백제가 무대를 바꿔 요서 지역에 진출하게 된 것은 양국 간의 전쟁과 역학 구도가 국제성을 띠었기에 가능한 일이었다. 광개토왕릉 비문에 보이는 신라 구원을 명분으로 한 400년 고구려군 5만명의 낙동강유역 출병도 기실은 백제의 사주를 받은 왜 세력의 신라 침공이라는 유인책의 덫에 걸린 것이었다. 이때를 놓치지 않고 후연(後燕)이 고구려

의 배후를 기습하여 서쪽 700여리의 땅을 일거에 약취하고 말았다. 고구려의 낙동강유역 진출은 이로 인해 실패로 돌아갔다.

당시 백제는 왜·후연과 연계하여 고구려와 신라에 맞서고 있었다. 400년 이후 후연과 고구려는 요동 지역의 지배권을 놓고 사투를 벌였다. 그렇지만 후연은 고구려에 사종 밀려고 있었을 뿐 아니라 대통학 방면의 숙군성까지 빼앗겼고. 심지어는 지금의 베이징인 연군(燕郡)까지 공격을 받았을 정도로 수세에 놓였다. 다급한 후연이 고구려의 양숙인 백제에 지원을 요청했다. 따라 백제군은 요서 지역에 진출해서 고구려의 서진(西進)을 닥고자 했다.

그런데 그 직후 붕괴된 후연 정권의 후신이자 고구려 왕족 출신의 고운의 북연 정권은 408년에 고구려와 우호 관계를 맺었다. 돌변한 상황에 후연을 지원할 복적으로 요서 지역에 출병한 백제군의 입장이 모호해졌다. 결국 백제군은 기왕에 진출한 요서 지역에 대한 실효 지배의 과정을 밟게 되었다. 그 산물이 요서 지역의 진평군이었다. 그리고 보면 '고구려가 요동을 경략하자 백제는 요서를 경략했다.'는 구절은 정확한 기록인 것이다. 488년과 490년에 백제가 북위의 기병 수십만의 침공을 격퇴하고 해상전에서 승리한 전쟁은 진평군을 에워싼 전투가 분명하다고 본다. 이러한 점을 고려할 때 요서 지역의 진평군은 북중국을 통일한 북위 정권이 들어선 이후에도 존속했던 것 같다.

진평군의 소멸 시기는 연구 과제로 남았다. 그렇지만 우리나라 역사상 최초의 해외파병이었던 백제의 요서 진출은 우리 역사 무대의 공간적 범위가 한반도를 뛰어넘었을 정도로 국제성을 지녔음과 더불어 해양강국의 위용을 확인시켜 주었다는 점에서 의미가 크다.

사진2. 「서울신문」 2010.10.22. 시론(31면)

거점으로 삼기위해서라고 했다. 그 후 필자는 요서경략을 고구려와 후연과의 대결 구도 속에서 위기에 놓인 후연의 요청으로 출병한 백제가 요서 지역을 실효 지배한 결과로 보았다. 400년 고구려군

의 신라 구원 명분 南征軍의 실패 요인도 후연의 고구려 후방 급습 때문이었다. 이 전쟁에서도 백제와 후연의 합작이 포착되었다.[74] 필자의 지견은 앞서 인용한 딩챤의 요서경략 시점과 부합한다. 이러한 시점은 필자가 제기한 백제군의 요서 출병 동기를 놓고 볼 때 수긍이 간다. 필자는 딩챤의 시점에 대해 전혀 교감이 없었다. 그럼에도 전후 정황을 헤아려 볼 때 요서 진출 동기로서는 가장 가능성이 높다고 단언한다.[75]

② 부정론

백제의 요서경략을 부정하는 논저들은 적지 않았다. 이 역시 연구사적으로 의미 있는 논지만을 소개한다. 다음은 李弘稙(1909~1970)의 논지이다.

> u. 『자치통감』에서 부여를 공격한 백제를 고구려의 誤記로 간주하였다. 그리고 晉平郡의 존재가 중국 사서에서 명확하지 않다. 게다가 『梁書』의 原典인 「梁職貢圖」 百濟國記의 "晉末에 고구려가 요동을 略有하자 낙랑 또한 요서의 晉平縣을 차지하였다"고 해

---

74 李道學, 「高句麗와 百濟의 對立과 東아시아 世界」 『高句麗研究』 21, 2005, 375~377쪽.

75 필자는 2020년 11월 16일에 서울대학교 중앙도서관을 통해 丁謙의 관련 저서를 확인하였다.

석한다면 요서경략 주체는 樂浪이 된다. 『宋書』와 『梁書』의 편찬자들은 요서 지역의 낙랑을 대동강유역의 옛 낙랑군으로 誤認하여 낙랑을 백제로 代替한 것이다. 따라서 「梁職貢圖」의 관련 기술은 백제와는 아무런 관련이 없다.[76]

그런데 해당 구절의 주어는 낙랑이 아니다. 「양직공도」百濟國記의 주체인 '백제'가 생략되었을 뿐이다. 앞서 인용한 해석(a-2)에 따르면 자연스럽다. 다음은 李丙燾(1896~1989)의 관련 소견이다.

    v. 『삼국사기』에서 북위군이 백제를 공격해 왔다가 패한 기사에 대해 "… 이는 東史綱目의 撰者安鼎福의 說과 같이 魏主가 百濟의 '不修貢職'을 이유로하여 海路로 군사를 보내어 來攻하다가 敗한 것이라고 해석된다"[77]고 했다.

고구려의 군사적 압박에 시달리던 백제는 472년에 처음으로 북위에 조공을 했다가 성과가 없자 관계를 두절했다. 그로부터 무려 16년이 지나 이 件으로 북위가 백제를 징벌하기 위해 쳐들어 왔다는 것은 옹색한 해석이다. 북위의 백제 침공 배경을 찾다찾다 궁색

---

76 李弘稙, 「梁職貢圖論考 -특히 百濟國 使臣 圖經을 중심으로-」, 『高麗大 60周年紀念論文集(人文科學篇)』, 1965; 『韓國古代史의 硏究』, 신구문화사, 1971, 402~404쪽.

77 李丙燾, 『國譯 三國史記』, 乙酉文化社, 1977, 399쪽, 譯註 5.

한 이유를 둘러붙였다는 인상이 짙다. 다음은 金廷鶴(1911~2006)의 부정론이다.

> w. 백제가 멀리 外地를 통치한다는 것은 국가적으로 비상하게 중요한 획기였다. 그럼에도 이처럼 중요한 사실이 『삼국사기』에 전혀 기재되어 있지 않았다. 백제가 만약 요서를 점령하려면 水陸 어느 곳이라도 고구려 영토를 통과해야 하지만, 당시 양국은 적대 관계였기에 불가능하다. 그리고 백제가 요서까지 공격하려면 상당히 많은 선박이 필요하지만, 당시의 國勢로 미루어 볼 때 용이하지 않다. 백제가 요서 지방을 점령했다면 군대의 주둔과 더불어 주민 다수가 이주해야 한다. 이러한 요서경략은 불합리한 기술인 관계로 「양직공도」에서는 '백제' 대신 '낙랑'으로 고쳐 적어놓았다.[78]

김정학은 기존에 제기되었던 요서경략 부정론을 집대성하다시피했다. 이 견해의 문제점은 뒷장에서 詳論할 계획이다.

다음은 요서경략에 관한 기존의 연구사를 정리하였고, 또 학계에 영향을 미친 兪元載의 부정론이다.

> x. 北朝系 史書에는 백제의 요서경략 기사가 없다는 데 근거하여 경략 자체를 부정하였다.[79] 요서경략은 『송서』 찬자가 前代에

---

78 金廷鶴, 『百濟と倭國』, 六興出版, 1981, 222~224쪽.

79 兪元載, 「中國正史 '百濟傳' 硏究」 『韓國上古史學報』 4, 1990, 149~278

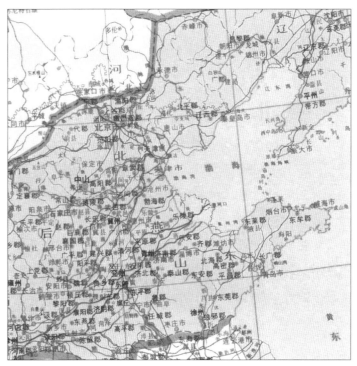

지도4. 후연 시기의 요서 지역

이루어진 낙랑과 대방의 요서 이동을 백제와 관련한 사실로 기
록하였다.[80]

쪽; 『增補篇 中國正史百濟傳硏究』, 학연문화사, 1995, 78~95쪽.

80 兪元載, 「백제의 요서영유(설)」 『한국사 6』, 국사편찬위원회, 2003,
    148쪽.

유원재는 요서경략 기사를 착오로 단정하였다. 그는 이를 실마리로 여러 사료에서 교차 확인되는 사실까지도 모두 撰者의 착각으로 몰았다. 그러나 唐代 기록인 『통전』에서는 요서경략 지역의 구체적인 위치까지 명기했다. 착각이라면 보태질 수 없는 정보였다. 그리고 「양직공도」百濟國記의 '樂浪'은 앞서 언급했듯이 고구려가 경략한 요동의 낙랑이 맞다. 그렇다면 요서의 진평현을 차지한 주체는 낙랑이 아니라 백제일 수밖에 없다. 요서 지역으로 이동하여 모용씨에 귀속되었다는 낙랑과 대방이라면, 더부살이하는 형편이다. 그러한 낙랑과 대방의 요서 정착이었다. 정확히 말해 이들은 僑郡에 불과했다. 이러한 상황에서 자신이 주체가 된 능동적 행위를 가리키는 '경략'이 나올 수는 없다. 그럼에도 낙랑과 대방의 요서로의 이동을 백제로 착각했다는 그의 주장은, 후진들에 의해 再構되었다.

(2) 북한

북한에서는 백제의 요서경략 기사를 적극적으로 수용하였다. 특히 1967년에 제기한 김세익의 다음과 같은 연구는 특출난 성과였다.

> y. 김세익 : 『송서』에서는 진평군·진평현에 통치 기관이 있었음만 밝혔음에 비하여 『양서』에서는 구체적으로 '백제군'이라 불렀음이 주목된다. 백제는 이들 나라와 문화교류가 활발하였기 때문

에, 당시 역사서에서 요서지방을 차지하였다는 기사는 신빙성이 있다. 『통전』에는 요서 · 진평 2군 지역에 대해 "오늘날(7세기 말)의 유성과 북평(현재의 베이징) 사이"라고 주석을 달았다. 이 밖의 다른 역사책에도 요서경략이 수록되어 있다.

『위서』의 경우 백제와의 전쟁 기사를 고의적으로 삭제하였다. 백제와 북위와의 전쟁은 『남제서』에서 겨우 등장한다. 남제는 백제와 밀접한 관계에 있었다. 북위가 백제를 침공하였다면 요서에 있는 백제를 공격했어야 한다. 『위서』에는 백제가 요서군을 차지하였음을 반증하는 기사가 고구려전과 勿吉傳에 보인다. 즉 "延興(471~475) 중에 乙力支를 보내 무역하였고 太和 초에 또 말 5백 필을 보내왔다. 이때 을력지는 자기 나라가 일찍이 백제와 공모하여 물길을 따라서 고구려의 10개 부락을 탈취한 사실을 말하고 을력지를 대국으로 보내 그 일이 옳고 그른 것을 묻고자 한다고 하였다. 북위 황제는 "삼국(백제 · 고구려 · 물길)은 모두 우리의 이웃인데 마땅히 화목할 것이고 서로 침략하지 말 것이다"고 했다. 물길이 백제와 더불어 고구려 공격을 논의한 까닭은 역시 백제가 요서에 있었기 때문이다. 그런데 북조계통의 역사책들은 일정한 정치적 목적을 노리고 백제의 요서경략 기록을 말살하였다.[81]

z. 사회과학원 력사연구소 : 백제는 전연이 멸망할 무렵에 요서 지역에 백제군을 설치하여 고구려의 유주 진출을 견제하는 동시에, 동진 편에서 북조의 前秦(351~394)을 견제하려는 데 있었

---

81 김세익, 「중국 료서지방에 있었던 백제의 군에 대하여」 『력사과학』 1967-1, 1~10쪽.

다. 그 후 488년과 490년에 백제와 북위의 전투도 이러한 선상에서 볼 수 있다. 490년에 북위가 수 십만의 기병으로 침공한 백제 영역은 한반도가 아니라 중국 산동반도에 진출해 있던 백제 영역이었다. 이 전쟁에서 공로를 세운 백제 귀족들이 임명된 곳은 오늘날 중국의 산동성·강소성·하남성·하북성과 관련이 있다. 백제가 산동반도 일부 지역에 거점을 가지고 있었다는 증거이다.[82]

ⓐ 조희승 : 고구려 태조왕이 121년과 122년에 마한과 예맥의 군대를 이끌고 요동을 공격한 바 있다. 이 마한을 백제로 간주한다고 해도 '요서 백제 진평군'과는 시공간적으로 문제가 따른다고 자인하면서도 그 연장선상에서 '요서 백제군' 문제를 보고자 했다. 그러면서도 "료서 백제군'으로 불려오는 이 문제가 구체적으로 어떤 성격의 문제이며 그것이 사실인가 아닌가는 여기서 론하지 않으려고 한다"고 했다.[83]

ⓑ 조희승 : 백제는 지금의 베이징과 차오양 일대에 소재한 진평군과 요서군을 백제군이라고 하였다. 이곳은 백제의 비래지였다. 그러나 본국과 바다로 격했던 관계로 오랫동안 유지하지 못하고 4세기 초에는 폐지된 후 일부 백제인들이 모용황의 도성으로 흘러들어갔다.[84]

---

82 사회과학원 력사연구소, 『조선전사 4(중세편)』, 과학백과사전종합출판사, 1991, 84~87쪽.

83 조희승, 『조선단대사(백제사1)』, 과학백과사전출판사, 2011, 120쪽.

84 조희승, 『조선단대사(백제사2)』, 과학백과사전출판사, 2011, 10~11쪽.

위의 ⓐ에서 인용한 조희승의 주장은 2002년에 이미 간행한 기존 자신의 저서 내용과 동일하였다.[85] 조희승은 백제의 요서경략을 선뜻 수용하지 않았다. 그런데 조희승은 2011년 2월에 간행한 저서(ⓐ) 내용과는 달리 그 직후인 2011년 5월에 간행한 저서(ⓑ)에서는, 백제의 요서경략을 적극적으로 수용했다. 그러면서 요서 지역의 백제군은 4세기 초에는 폐지되었다고 하였다. 모용황의 도성에 차고 넘친 10만 호에는 백제인들도 포함되었는데(a-7), 요서 백제군이 폐지된 이후 모용황 도성에 입주한 백제인들을 가리킨다고 해석했다. 백제의 요서경략이 상당히 이른 시기에 이루어졌다는 것이다. 이 주장은, 요서 지역에 백제인들이 거주한 근거로 활용된 결과, 또 다른 요서경략론의 근거로 재활용되었다. 그런데 거의 동일한 시기에 출간된 두 권의 저서에서 저자 조희승의 입장이 각각 달랐다. 그 이유를 굳이 찾는다면 『백제사연구』나 『조선단대사(백제사1)』와는 달리 『조선단대사(백제사2)』의 심사자가 서로 다르다는 데 있다. 전자는 고구려사 전공인 손영종과 강세권인데 반해, 후자에서는 강세권과 권승안으로 바뀐 것과 관련 있는 듯하다.

(3) 일본

① 긍정론

해방 후 즉, 일본에서의 표현대로라면 **戰後** 일본 학계에서 백제

85　조희승, 『백제사연구』, 과학백과사전출판사, 2002, 125쪽.

의 요서경략을 수용한 연구자가 나왔다. 도호쿠대학東北大學 教授였던 井上秀雄(1924~2008)이었다. 지극히 이례적인 사례이므로 그의 논지를 완역하여 다음과 같이 소개한다.

ⓒ "『송서』와 백제의 요서 지배

宋은 백제와 대단히 긴밀한 관계에 있었음에도 불구하고, 『송서』(중국 남조 宋의 역사를 기록한 정사로, 南梁의 沈約이 488년에 편찬한 것) '東夷 百濟國傳'에는 다음과 같은 기묘한 기사가 있다. --백제국은 원래 고구려와 함께 요동군의 군청이 있는 襄平(현재 중국의 遼陽 지방)의 동쪽 1천여 리에 있었다. 그후 고구려는 거의 요동군을 지배하고, 백제는 요서군을 거의 지배하였다. 이때 백제가 근거지로 한 곳이 진평군 진평현이다.--

백제는 마한의 一國이었던 伯濟國에서 일어나, 주위의 마한의 여러 소국을 통합하고 대국이 되었다고 생각하는 것과, 이 백제의 요서군 지배가 지리적으로도 먼 거리에 있었으므로, 양자를 하나로 묶어서 생각한다는 것은 대단히 곤란하다. 이 같은 의문은 이미 『양서』(중국의 남조 梁의 역사책. 唐의 姚思廉이 629년에 勅命으로 편찬한 것)에 나오고 있다. 『양서』에 의하면 백제의 本據를 마한에 두고, 東晉時代에 요서·진평 2군을 영유하고 百濟郡으로 했다고 한다. 『양서』의 견해가 상당히 온당하여, 사실에 가깝다고 생각되지만, 약간 보충할 필요가 있다.

동진 말기는 요동·요서 지방이 정치적으로 혼란을 겪고 있었다. 선비족의 모용씨는 처음에 이 지방을 기반으로 하여 화북을 침략하였다. 전연이 370년에 전진에게 멸망한 뒤로부터는 고구려가 요동 지방을 지배했다. 백제는 고구려의 광개토왕(재위 391~412)·장수왕(재위 413~491)의 압박에 고통스러워했지만, 중국의 남조 송의 책봉을 받고, 南韓諸國과 연합하여 고구려와 대립했다. 아마도 이때에 한동안 요서 방면과 정치적인 連携 내지는 그 일부를 지배한 것이 아닌가 생각된다. 백제는 동진과 송과의 국교를 해상교통으로 체결하고 있어 당시 동아시아에서 가장 앞선 해상교통국이었다. 그 때문에 근초고왕대(재위 346~375)부터 일본과의 국교가 시작되었다고 일컬어 왔다. 그러나 이것은 다음에 기술하는 바와 같이, 약간의 문제를 내포하고 있다. 당시 백제로서는, 국제사회의 말단에 있었던 일본에 대해서 이렇다할 관심도 없었을 것이다. 백제는 377년에 북방의 전진에도 조공하고 있고, 북방의 요서 방면에 대단한 관심을 품고 있었다. 전연의 붕괴에 따른 요동·요서 지방의 정치적 혼란기에 백제가 371년의 대고구려전의 대승의 여세를 몰아 일시적이라 하더라도 요서군을 침략한다는 것은 충분히 가능성이 있는 이야기인 것이다. 더욱이 가능성이 짙은 사고 방식을 취한다면, 남조의 송에서는 고구려에 대항하는 것으로 해서 백제를 높이 평가하고 있었다. 고구려가 북조의 魏와 燕과 결속되어 있는 것을 견제하는 의미로서도, 백제의 요서군 침략을 과장하여 거론할 필요가 있었던 것은 아니었을까.

『송서』백제국전에는 백제가 요서군을 지배했다고 하는 이 일견 기묘한 기사에 대하여 唐代 이래 중국 학자들은 그 해명에 고심하여 왔다. 일본사 연구자는 이 기록을 거의 거들떠 보지 않고, 오로지 백제와 大和朝廷과의 관계가 논의의 대상으로 되어 왔다. 그러나 백제 왕조의 입장으로 말하면, 일본과의 국교는 그다지 긴급한 것은 아니었다. 중국의 정치 상황이 직접 영향을 미치는 백제에서는, 중국 諸王朝와의 국교가 외교상 가장 중시되는 것은 당연한 일이었다. 일본사의 입장에서 본다면, 야마토조정과 백제와의 국교가 극히 중요시되었지만, 그렇다고 이 시점에서 백제왕조가 야마토조정과의 국교를 중시하지 않으면 안 될 필연성은 없다. 일본사의 연구사가 백제의 요서침략 기사를 무조건 誤傳이라 하여 물리치고, 야마토조정과의 관계는 틀림이 없다고 생각하는 사실에는 근본적인 검토가 필요할 것이다. 우선, 과학적인 역사를 고찰하려고 한다면, 확실한 사료를 근거로 하지 않으면 안 된다. 여기서 요서침략 기사가 나오는 前述의 『송서』와 『일본서기』를 비교하면, 그 편찬 연대는 전자의 488

古代朝鮮
井上秀雄

戰後格段に深められた研究の成果を踏まえて描かれた、古代朝鮮の政治・社會・文化に関する総合的な通史である
ゆたかな人間形成のための…
NHKブックス

사진3. 이노우에 히데오의 저서 『古代朝鮮』

년에 대하여, 후자는 720년으로, 약 230년의 차이가 있다. 또 전자의 기사는 외교상 정식의 國書에 의거하고 있음에 반하여, 후자의 백제에 관한 그것은, 그 편찬 시기도 내용도 분명하지 않은 『百濟記』와, 이에 부회한 조작 기사와 고작 전승 기사에 불과하다. 이와같은 조건을 고려한다면 어느 편의 사료를 존중할 것인가는 지극히 명백한 일인 줄 안다."[86]

해방 이후 남북한의 요서경략에 대한 시각과 더불어, 일본에서의 긍정론은 특별한 경우였기에 함께 소개하였다.

---

86 井上秀雄, 『古代朝鮮』, 日本放送出版協會, 1972, 85~87쪽.

표2. 요서경략에 대한 견해 일람

긍정론			부정론		
조선 후기					
한국	중국	일본	한국	중국	일본
신경준 한치윤	林壽圖		한진서 안정복 정약용		那珂通世
일제 하					
신채호 정인보	丁謙			金毓黻	
해방 이후					
안재홍 손진태 최남선 김세익 김상기 조희승 홍이섭 방선주 김철준 이만열 이도학		井上秀雄	이병도 김정학 유원재 노태돈 윤용구		池內宏 和田博德 岡田英弘 田中俊明

② 부정론

해방 이후 일본에서는 백제의 요서경략론에 대한 부정론이 대세를 이루며 내려왔다. 나카 미치요가 요서경략을 부정한 이래 그러한 인식과 정서에서 벗어나지 않았다. 다음은 池內宏(1878~1952)과 和田博德(1922~2008) 그리고 岡田英弘(1931~2017)의 견해이다.

ⓓ 池內宏 : 북위가 백제를 침공했다가 패한 『남제서』 기록은 있을 수 없는 일이다. 동성왕이 북위의 敵國인 南齊로부터 除授를 받기 위해 특별히 날조한 事實이 틀림 없다.[87]

ⓔ 和田博德 : 북조측 사서와 한국의 『삼국사기』 등에 요서영유에 관한 기록 자체가 없다. 백제가 멀리 떨어진 遼西의 飛地를 소유한다는 것은 기괴하고도 황당무계한 설이다. 요서에는 강대한 세력들이 자리잡고 있어서 백제가 비집고 들어갈 틈이 없다. 진평군은 『晉書』 지리지와 『魏書』 地形志 등에서 이름이 전혀 보이지 않는다. 따라서 남조 史書에만 전하는 백제의 요서 영유설은 역사적 사실이 아니다. 그리고 북위가 백제를 침략했다는 것은 당시 백제가 궁한 끝에 날조한 說에 지나지 않는다. 당시 남조는 백제가 북위와 영토를 접한 것으로 상상하였기에 믿었다. 백제는 晉 이래로 계속 요서를 차지하고 있다고 남조에 대하여 거짓말로 선전한 것으로 해석하면 수수께끼가 풀린다. 이 무렵 북위와 南齊는 교전 상태였기에 북위의 침략을 격퇴했다고 말한 백제의 上表는 남제에 가장 환영을 받았다. 이로 인해 백제의 요서영유설은 남조의 사서에 수록될 수 있었다. "이러한 남조의 동방에 관한 지리적 무지식이 쉽사리 백제의 요서영유설을 믿게 하였던 것이다."[88]

ⓕ 岡田英弘 : "여기서 이야기를 고구려와 백제의 항쟁으로 되돌린다. 廣州를 점령한 후, 고구려의 장수왕은 490년, 다시 대군을

---

87 池內宏, 『日本上代史の一研究』, 近藤書店, 1947; 中央公論美術出版, 1970, 92쪽.

88 和田博德, 「百濟の遼西領有說について」『史學』 25-1, 三田史學會, 1951, 90~100쪽.

보내 백제를 공격했다. 백제의 동성왕이 495년에 남제에 보낸 편지에는 이렇게 말하고 있다. '지난 庚午年(490년)에 獫狁(고구려)이 잘못을 뉘우치지 않고 군사를 일으켜 깊숙이 쳐들어 왔습니다. 臣이 沙法名 등을 보내 군대를 거느리고 역습하게 해 밤에 번개처럼 기습 공격하니, 匈梨(고구려 왕)가 당황하여 마치 바닷물이 들끓듯 붕괴 되었습니다. 이 기회를 타서 쫓아가 베니 시체가 들을 붉게 했습니다. 이로 말미암아 그 예리한 기세가 꺾이어 고래처럼 사납던 것이 그 흉포함을 감추었습니다. 지금 천하가 조용해진 것은, 실제 이름들은 생략했다.' 이것을 경계로 고구려의 남진은 멈췄지만, 그 이유는 실은 다음 해인 491년에 장수왕이 80년에 가까운 空前絶後의 통치 후 백여 세로 사망했기 때문이다.… 고구려가 백제에 대하여 다시 공격할 수 있는 여유는 이제 없었다."[89]

　　이케우치 히로시의 주장은 백제와 북위와의 전쟁은, 동성왕이 남제의 환심을 사서 자신과 휘하의 귀족들이 제수받기 위해 조작했다는 것이다. 이 주장은 와다 하카토코에 의해 구체적인 논지로 발전하였다. 백제의 요서경략은 북조측이나 한국측 사서에 보이지 않고, 백제와 지리적으로 격절된 요서에 거점 마련이 불가함에도, 백제는 당시 북위와 적대 관계인 남조의 처지를 이용하여 가장 환영받을 수 있는 북위 격퇴론을 날조했다는 것이다. 물론 하나 같이 정황론에 불과하다. 그럼에도 이 주장을 세부적으로 진행한 게 오

89　岡田英弘, 『倭國』, 中央公論社, 1977, 143쪽.

카다 히데히로의 북위가 아닌 고구려와의 전쟁론이다. 이와 관련해 "북위의 백제 침공을 고구려와의 전쟁으로 이해한 것도 그가(和田博德: 필자) 처음이었다"[90]는 주장은 사실과 다르다. 와다 하카토코의 논문에는 윤용구가 주장하는 문구나 논지는 없다. 어쨌든 이케우치 히로시 이래의 이 같은 날조설은 한국 연구자들에게 깊은 영향을 미쳤다.

그런데 동성왕이 남제에 거짓말했다는 주장은 근거 없는 공상에 불과하다. 오히려 요서경략이 『송서』에 처음 기재된 점을 주목할 때 457년(大明 1)과 458년(大明 2)에 개로왕이 劉宋에 자신과 신하들의 제수를 요청했을 때와 연관 짓는 게 정황상 맞다. 개로왕은 고구려와 대결하는 상황에서 백제의 역량을 과시하여 북위와 고구려에 공동 대응하기 위한 목적에서 자국의 요서경략 사실을 환기시킨 것으로 보인다. 그럼으로써 자신과 신하들의 관작 품계를 높이고자 한 것 같다.

그리고 오카다 히데히로는 동성왕이 남제에 보낸 국서의 '獫狁'과 '匈梨'는 고구려였고, 또 고구려의 남진을 저지하는 전쟁으로 규정했다. 『남제서』에 적힌 백제와 북위와의 전쟁을 고구려와의 전쟁으로 바꾸어 해석하였다. 이러한 해석은 전혀 타당하지 않기에 본서에서는 後述하여 조목조목 비판했다.

---

90 윤용구, 「백제 '요서진출설'의 문헌적 검토」 『백제와 요서지역』, 한성백제박물관, 2015, 292쪽.

그런데 이 보다 앞서 제기된 와다 하카토코의 논문은 지금까지 연구자들과는 달랐다. 요서경략만을 다룬 전담 논문이었다. 이 논문에서 그는 백제의 요서경략을 부정하는 시각에서 논지를 이끌어 갔다. 먼저 『魏書』地形志 등에서 진평군이 전혀 보이지 않으므로 사실이 아니라고 했다.[91] 그러나 이러한 단정은 사료의 신빙성이 전제되었을 때만이 가능하다. '穢史' 評을 받았고, 고구려의 平州 점령도 고의적으로 누락한 사서가 『위서』였다. 『위서』의 주체인 북위는 남조에 지방관을 임명하는 遙領과 虛封을 통해 자국이 마치 전 중국을 통치하는 양 과시했다. 게다가 진평군은 백제 영역이므로 『위서』地形志에 수록할 일이 아니었다. 따라서 요서 지역의 진평군 도 기록과 문서상에서 누락되었거나 은폐되었을 공산이 크다.

그런데 무엇보다 유의해야 할 사안은 일본인 연구자들이 지닌 백제사에 대한 기본 시각이다. 와다 하카토코는 해당 논문에서 "일본은 백제·신라의 건국과 거의 같은 시기에 半島에 진출하여 백제·신라를 보호하고 고구려의 남하를 막아냈다. 이후 신라는 고구려에 붙어 일본을 배반했지만, 백제는 그 건국에서 멸망까지 시종 우리나라에 의지했던 것이다"[92]고 하였다. 이어서 그는 "그래

---

91 和田博德,「百濟の遼西領有說について」『史學』25-1, 三田史學會, 1951, 92쪽.

92 和田博德,「百濟の遼西領有說について」『史學』25-1, 三田史學會, 1951, 93쪽.

서 서기 제5세기의 형세는 북의 고구려와 남의 일본과의 반도에서의 패권쟁탈사로도 볼 수 있는 것이다"[93]고 단언했다. 와다 하카토코는 5세기대를 고구려와 왜의 대결 구도로 해석하였다. 이러한 시각을 지녔기에 백제가 한반도를 뛰어넘어 북위와 대결한다는 것은 상상해서도 안 되었다. 백제의 요서경략을 인정하게 되면 자신들이 설정한 기존의 동아시아像이 무너지기 때문이다. 그러므로 갖은 이유를 들이밀어 요서경략을 부정하였다. 이 점을 똑바로 직시해야 한다.

4. 요서경략 부정론에 대한 검증

1) 요서경략 기사의 실체성 검증

최근에 백제의 요서경략 부정론은 부쩍 힘을 얻고 있다. 그러나 백제의 요서경략 기사는 항간의 생각처럼 절대 허술한 기록이 아니었다. 그랬기에 요서경략을 수용할 수 있는 기초적인 근거를 다음과 같이 제시했다.

① 시점이 분명하다. 즉 '晉末(a-2)' 혹은 '晉世(a-3)'라고 하였다.

---

93 和田博德, 「百濟の遼西領有說について」『史學』 25-1, 三田史學會, 1951, 94쪽.

요서경략 시점인 '晉末'의 '末'은 '시간의 끝'을 가리키므로, 서진 (265~316)은 물론이고, 동진(317~420) 치세의 4세기대는 아닐 것이다. 5세기 초를 가리키는 서술로 간주하는 게 합리적일 게다.

② 장소가 遼西로 적시되었고, 晉平郡(縣)과 百濟郡이라는 設郡名이 적혀 있다. 게다가 백제가 설치한 2郡의 위치를 류성~북평 사이로 구체적으로 밝혔다(a-5). 즉 지금의 랴오닝성 차오양朝陽~베이징北京 부근 구간을 지목하였다. 唐人 馬端臨이 진평군 위치를 唐代 류성~북평 사이라고 했지만, 『만주원류고』에서는 淸代의 錦州·寧遠·廣寧 일대로 지목했다.[94] 백제의 요서경략이 실체가 분명하고, 또 존속 기간이 상당하지 않고서는 가능할 수 없는 구체적인 지명을 적시하였다.[95] 이와 관련한 최근 중국의 발굴 성과에 따르면 북위의 통치는 차오양까지도 온전히 미치지 못하였고, 三燕의 수도인 차오양 동쪽 베이퍄오北票에는 이르지 못한 사실이 드러났다. 즉 "(북위 분묘들은) 朝陽市에서도 불과 10㎞ 떨어진 곳에 있다. 북위는 물론 북제 등 당시 營州 지역에 대한 효율적 관리가 영주 주변에만

94 『滿洲源流考』 권3, 部族3, 百濟. "馬端臨謂晉平 在唐柳城·北平之間 實今錦州·寧遠·廣寧之境"

95 『滿洲源流考』를 근거로 1879년에 林壽圖가 지은 저작에서는 백제 영역을 "自今開原·廣寧·錦義·寧遠 南至蓋平·復州·寧海 又東南跨海 極 朝鮮之全羅·黃海·忠淸等道者 百濟也(『啓東錄』 권2, 신라; 華文書局, 1968, 59쪽)"라고 하였다.

국한되었다는 이야기이다"[96]고 했다. 同 보고서에서는 이곳 북조 분묘는 早期와 中期에 조성되었고, 晩期는 거의 없다고 하였다. 북위(386~534)는 444년(太平眞君 5)에 營州를 신설하여[97] 차오양을 접수한 것처럼 했지만 차오양 자체는 물론이고 그 동쪽으로도 진출하지 못했다. 발굴 성과에 따른다면, 차오양~랴오허 서쪽 사이는 요서경략지로서 가능하다. 이 공간은 淸代에 진평군의 소재지로 지목한 차오양의 동남쪽인 錦州·寧遠·廣寧 일대와 연결된다. 북위 만기에는 차오양 부근에 분묘가 조성되지 않았다고 한다. 이 곳이 북위 영역이 아니라는 반증이다. 이는 고구려의 영토가 랴오허를 건너 서쪽으로 營州(朝陽)에 이르렀다는 사서의 기록과 잘 맞아 떨어진다.

『위서』는 북위와 접한 고구려의 서쪽 경계에 대해서만 언급이 없다.[98] 그런데 『북사』와 『주서』에서는 고구려가 서로는 요수를 '度' 즉 '渡'라고 했다. '度'는 '건넜다'와 '넘었다'는 뜻이다. 고구려가 요서 지역에 진출했음을 알려준다. 다음은 중국 사서에 적힌 고구려의 사방 경계이다.

---

96 朝陽市文物考古研究所,「朝陽發現的幾座北朝墓葬」『文物春秋』2018-5, 49쪽.

97 『魏書』권106上, 地形志, 營州. "治和龍城 太延二年爲鎭 眞君五年改置 永安末陷 天平初復"

98 『魏書』권100, 高句麗. "遼東南一千餘里 東至柵城 南至小海 北至舊夫餘 民戶參倍於前 魏時 其地東西二千里 南北一千餘里"

표3. 중국 사서 등에 적힌 고구려 영역

출전	東界	西界	南界	北界	영역
魏書	東至柵城		南至小海	北至舊夫餘	(東西)二千里 (南北)一千餘里
北史	東至新羅	西度遼	南接百濟	北隣靺鞨	(東西)二千里 (南北)一千餘里
周書	東至新羅	西度遼水	南接百濟	北隣靺鞨	(東西)二千里 (南北)千餘里
隋書					東西二千里 南北千餘里
通典					至隋漸大 東西六千里
舊唐書	東渡海至 於新羅	西北渡遼水 至于營州	南渡海至 于百濟	北至靺鞨	東西三千一百里 南北二千里
新唐書	東跨海距 新羅	西北度遼水 與營州接	南亦跨海 距百濟	北靺鞨	
舊五代史	東渡海至 于新羅	西北渡遼水 至于營州	南渡海至 于百濟	北至靺鞨	東西三千一百里 南北二千里
五代會要	東渡海至 於新羅	西北渡遼水 至于營州	南渡海至 于百濟	北至靺鞨	東西三千一百里 南北二千里
太平 寰宇記					至隋漸大 東西六千里

　　그런데 앞서 언급한 차오양 일원에 대한 발굴 성과는, 진평군의 소재지를 차오양~베이징 부근으로 적은 『통전』 기록을 주목하게 한다. 이와 더불어 淸末의 "(唐의) 馬端臨이 晉平은 唐 때 柳城과 北平

사이에 있었다고 말했는데, 신은 지금의 錦州·寧遠·廣寧의 땅이다"[99]는 기록이 다가온다. 이곳은 차오양 동편이나 동남편이다. 북위의 영역 바깥인 동시에 랴오허 서편이 된다. 백제가 설치한 진평군의 입지로서는 무난해진다.

물론 백제의 진평군은 북위 후기에 차오양 以西 방면으로 이동했을 수 있다. 차오양 일원 북조 분묘들은 만기에는 조영되지 않았기 때문이다. 그렇다면 『통전』의 기록은 유효하다. 이와 연계해 중국 사서에서는 고구려의 西界를 營州 즉 차오양이라고 한 기록이 주목된다. 앞서 제기한 고고학적 물증과 결부 지을 때 북위 후기의 분열을 틈타 고구려가 차오양까지 진출한 근거로 해석할 수 있기 때문이다. 사서 기록과 물증의 일치로 기록할 수 있다.

이 사안에 대한 부연 설명을 해 본다. 북위에서는 6鎭의 반란과 就德興의 반란이 524년~529년에 발생했다. 北魏 末~東魏 初(532~537)에 南營州가 설치된 것도 이와 무관하지 않았다. 이 상황은 북위의 혼란을 틈타 고구려가 營州를 장악하고 일시 平州까지 진출가능성을 제기해 준다. 후술할 「韓曁墓誌」에 보이는 고구려의 평주진출은, 이러한 정황을 반영한다고 본다. 463년에 고구려 장수왕이 유송으로부터 영주와 평주를 포함한 작호를 받은 것도 일찍부

---

99 『啓東錄』 권1, 百濟 "馬端臨謂晉平在唐柳城·北平之間 實今錦州·寧遠·廣寧之境"; 華文書局, 1968, 47쪽.

터 고구려의 關心地를 간파한 결과일 것이다.[100]

③ 진출 동기를 고구려가 요동을 차지하자, 백제는 요서를 차지했다고 하였다(a-1~5). 고구려를 견제하기 위해 백제가 요서에 진출했음을 밝혔다. 백제 중앙권력의 의지가 역동적으로 표출된 것이다. 그러니 요서 지역에 백제 주민들이 일찍부터 거주했다는 전제하에서의 요서경략 再構 시도는 본질에 맞지 않다. 晋平郡(縣)도 이름 그대로 '나아가 평정한'의 뜻으로 해석하면 무리가 없다.[101] 백제가 진출해 평정하고 설치한 郡이라는 의미였기 때문이다. 北平郡도 북쪽을 평정한 郡의 뜻으로 해석할 수 있다. 그럼에도 晋平郡의 '晋'을 국호로 받아들인 관계로 백제가 晋의 추인을 받았다는 해괴한 해석까지 나왔다.[102]

④ 근거한 직간접 사료가 무려 14종에 이를 정도로 전거가 풍부

---

100 『宋書』 권97, 夷蠻東夷, 高句驪國. "(大明)七年 詔曰 使持節 散騎常侍 督平 · 營二州諸軍事 征東大將軍 高句驪王 樂浪公璉 世事忠義 作藩海外 誠係本朝 志剪殘險 通譯沙表 克宣王猷 宜加褒進 以旌純節 可車騎大將軍 · 開府儀同三司 持節 · 常侍 · 都督 · 王 · 公如故"

101 '晋'에는 '進'의 뜻이 있다(民衆書林, 『漢韓大字典』, 1997, 930쪽).

102 이와는 다소 차이가 나지만 "… 진평이란 말 그대로 진나라가 평정하였다는 뜻이다. 백제사람들이 진나라와 합세하여 료서의 진평군과 진평현에 백제군을 설치한 것으로 보아진다(조희승, 『조선단대사(백제사2)』, 과학백과사전출판사, 2011, 10쪽)"는 해석도 晋과의 연관성을 배제하지 않았다.

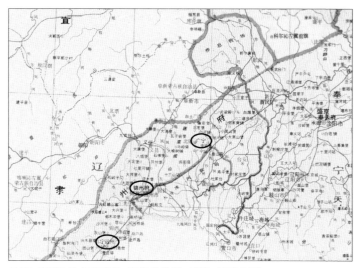

지도 5. 진평군의 소재지라는 淸代의 錦州 · 寧遠 · 廣寧 일대

하다. 더욱이 이러한 기록은 중국과 한국 양쪽에서 모두 확인되었다. 요서경략론이 오히려 힘을 얻는 게 마땅하다.

2) 요서경략 부정론의 검증

요서경략 기사는 사료상으로는 모순이 발견되지 않았다. 그럼에도 득세하고 있는 요서경략 부정론의 논거는 대략 다음의 6종류로 구분된다.

① 『삼국사기』나 『삼국유사』와 같은 국내 사서에는 관련 내용이 없다.[103]

② 요서경략 기사는 남조계 사서에만 전하고 있다. 정작 요서 지역과 직접 관계된 북조계 사서에는 관련 기록이 없다.[104]

③ 백제가 멀리 요서 지역까지 진출하여 郡을 설치하였고, 유지한 과정과 배경이 확인되지 않았다.[105]

④ '백제 요서경략설'은 어디까지나 하나의 가설에 불과하다.[106]

⑤ 백제가 전쟁을 벌인 북위는 기실 고구려였다.[107]

⑥ 요서 지역에 백제 관련 고고학적 증거가 없다.

논자들은 백제의 요서경략을 부정하는 여러 이유를 제기하였다. 그러나 대체로 上記한 6종류로 집약된다. 그러면 위의 주장에 대한 타당성을 검증해 본다.

---

103 和田博德, 「百濟の遼西領有說について」 『史學』 25-1, 三田史學會, 1951, 91쪽.
　　金廷鶴, 『百濟と倭國』, 六興出版, 1981, 222쪽.

104 金毓黻, 『東北通史』, 國立東北大學研究室叢書, 1941; 洪氏出版社, 1976, 236쪽.
　　和田博德, 「百濟の遼西領有說について」 『史學』 25-1, 三田史學會, 1951, 91~92쪽.

105 『海東繹史』 권8, 地理考8, 百濟.

106 노태돈, 『한국고대사』, 경세원, 2014, 79쪽.

107 岡田英弘, 『倭國』, 中央公論社, 1977, 143쪽.

(1) 국내 사서에 없는 요서경략

① 주장은 얼핏 그럴듯하지만, 논리적으로 성립하려면 『삼국사기』가 『조선왕조실록』처럼 月日까지 빠짐없이 기재되어 있어야만 한다. 그러나 『삼국사기』 장수왕본기만 본다면 장구한 재위 기간과는 달리 기사 누락이 극심하다. 장수왕 재위 80년 중에 사건이 기재된 年은 총 41년에 불과하다. 이 가운데 백제나 신라측 자료에서 옮겨온 중복 기사와 중국 사서에서 **轉載**한 기사를 제외시켜 보자. 그러면 순수한 고구려 자체 기사는 4년에 걸쳐 다음의 총 6건에 불과하다.

⑧ 二年 秋八月 異鳥集王宮
　　冬十月 王畋于蛇川之原 獲白獐
　　十二月 王都雪五尺

ⓗ 七年 夏五月 國東大水 王遣使存問

ⓘ 十二年 秋九月 大有年 王宴群臣於宮

ⓙ 十五年 移都平壤

장수왕대에 중국 왕조에 조공한 기사는 적지 않았다. 북위에만 무려 40건에 이를 정도의 조공 기사가 『삼국사기』 장수왕본기를 가득 채웠다. 『삼국사기』의 기사 누락 정도를 반증한다. 그러니 『삼국사기』에 적혀 있지 않다고 해 존재하지 않았던 사실로 치부할 수는 없다. 신경준도 "東史가 소략하여 그 일을 잃어버렸을 뿐이다(b-2)"

고 단언했다. 더 이상 보태고 빼고 할 필요도 없는 정확한 말이다. 「광개토왕릉비문」의 전쟁 기사도 『삼국사기』에 적혀 있지 않았다. 해상왕 장보고의 활약상도 중국과 일본 문헌을 통해 알려지지 않았던가(o)? 고구려 안시성주의 偉勳과 이름도 중국 문헌을 통해 알 수 있었다. 그러니 ① 주장대로라면 『삼국사기』에 적혀 있지 않으니 장보고의 활약도 부정해야 한다는 식이 된다. 그리고 『삼국유사』는 기사본말체이므로, 요서경략 기사의 수록 여부는 순전히 저자 一然의 몫일 뿐이다.

이와 더불어 와다 하카토코는 한국 사서와 중국 사서를 함께 거론하면서 요서경략 기사의 신빙성에 대한 의문을 제기했다. 그는 『통전』의 백제 요서경략 기사를 가리켜 "이것은 단순히 『양서』의 기술을 무비판적으로 취한 것이다. 『수서』와 『신 · 구당서』 등 수 · 당 史籍에는 어느 쪽도 백제의 요서영유설을 취하지 않았다. 따라서 『문헌통고』가 『통전』의 이 기술을 취하지 않은 것은 당연하다"[108]고 했다.

이러한 와다 하카토코의 주장을 逆으로 적용해 보자. 우선 『수서』와 『신 · 구당서』 등에 요서경략이 수록되지 않았음에도 불구하고 『통전』에 기록된 이유를 소명해야 한다. 그리고 『통전』은 " 『양서』의 기술을 무비판적으로 취한 것이다"고 했지만, 『통전』에는 정

---

108 和田博德,「百濟の遼西領有說について」『史學』25-1, 三田史學會, 1951, 100쪽, 註1.

작 『양서』에 없는 요서경략의 공간적 범위가 구체적으로 명시되었다. 따라서 와다 하카토코의 주장은 사실에 맞지 않다. 그리고 『수서』와 『신·구당서』 등에 요서경략이 게재되지 않은 것은, 각각 隋代와 唐代 역사를 대상으로 한 斷代史였기 때문이다. 이때는 백제가 요서경략에서 손을 떼었다. 그러므로 이들 사서에서 보이지 않는다고 해 백제의 요서경략을 부정하는 증거가 될 수 없다.

와다 하카토코는 『삼국사기』에 백제의 요서경략이 수록되지 않았으므로 사실이 아니라고 했다. 그러나 『삼국사기』에는 비록 『자치통감』을 인용했지만 요서경략에 뿌리를 둔 북위의 백제 침공을 게재하였다(a-10). 그럼에도 와다 하카토코는 "북위의 백제 침입이라는 虛說조차 믿은 『삼국사기』의 撰者도 이 백제의 遼西領有說만은 거부한 것이겠다"[109]고 했다. 요서경략 기사는 김부식도 외면한 황탄한 내용이라는 것이다. 그러나 김부식이 요서경략을 수록하지 않은 이유는 부정 때문이 아니었다. 연대가 명시된 백제와 북위 간의 전쟁과는 달리, 요서경략은 연대를 특정할 수 없었다. 요서경략을 本紀에 넣을 마땅한 연대나 王代를 찾지 못한 것이다. 王代라도 확인되었다면 해당 왕의 본기 末尾에 몰아서 기재하면 되었다. 그러나 김부식으로서는 '晉世'나 '晉末'만 놓고 연대를 특정하기는 어려웠다. 따라서 와다 하카토코의 주장은 전혀 설득력이 없다.

---

109 和田博德, 「百濟の遼西領有說について」 『史學』 25-1, 三田史學會, 1951, 92쪽.

(2) 북조계 사서에 없는 요서경략 기사

② 주장은 몇 가지로 반론할 수 있다. 백제는 북조보다 남조와 주로 교섭한 관계로 요서경략 사실이 남조 사서에 게재될 수 있었다. 반면 북조 사서에 백제와 북위와의 전쟁 기사가 수록되지 않은 이유는 수치로 여겼기 때문일 수 있다.[110] 혹은 중국 史家들에 의한 고의적인 삭제 가능성도 고려해야 한다.[111] 실제 이와 동일한 사례가 최근에 확인되었다. 「韓曁墓誌」에 따르면 고구려가 孝昌 연간(525~527)에 平州를 점령했다고 한다. 북위 때 평주는 灤河 하류의 요서군을 포함한 구간이었다.[112] 그러나 『魏書』 地形志 平州 條 細註에서 평주 함락을 기록하지 않았다. 그 이유는 단순 오류가 아니라 의도적인 누락이라고 한다. 중국과 일본의 연구자들도 고구려가 營州와 平州를 한때 점령한 사실을 인정하였다.[113] 이로써도 중

---

110 安在鴻, 『朝鮮上古史鑑(下)』, 民友社, 1948, 251쪽, 253쪽.
　　 조희승, 『조선단대사(백제사2)』, 과학백과사전출판사, 2011, 9쪽.

111 丹齋申采浩先生紀念事業會, 「朝鮮上古史」 『改訂版 丹齋申采浩全集(上卷)』, 螢雪出版社, 1987, 204쪽.

112 千寬宇, 『古朝鮮史·三韓史研究』, 一朝閣, 1989, 124쪽.

113 최진열, 「北魏의 遼西 지배와 그 성격」 『東洋史學研究』 147, 2019, 206쪽.
　　 朱子方·孫國平, 「隋'韓曁墓誌'跋」 『遼寧省考古·博物館學會成立大會會刊』, 1981, 39쪽.
　　 井上直樹, 「『韓曁墓誌』を通してみた高句麗の對北魏外交の一側面

국 사가들에 의한 고의적인 삭제를 확인할 수 있다. 요서경략은 북조 사가들에 의해 삭제되었거나 의도적으로 누락시켰을 가능성이 높다.

영역과 관련해 『魏書』에서는 고구려의 사방 영역 중 북위와 접한 西界만 언급하지 않았다(표3). 『北史』와 『周書』에서는 고구려가 遼水를 넘었음을 겨우 기록했을 뿐이다. 북조계 사서들이 영역 문제에 민감했음을 알 수 있다. 그랬기에 고의로 누락하거나 왜곡 가능성이 제기되었다. 게다가 남북조는 정통성 경쟁 속에서 자국이 전 중국을 통치하는 양 허세를 부렸다. 대표적인 사례는 북위가 상대국인 남조 영역에 지방관을 임명한 遙領과 虛封이었다. 심지어는 고구려 영토인 요동을 북위 영역으로 표기하기까지 했다.[114] 북조계 사서의 신빙성이 현저히 떨어진다는 움직일 수 없는 증거였다. 그럼에도 오직 북조계 사서에서 진평군이 보이지 않는다는 이유만으로 요서경략을 부정한 것이다.

쟁론이 많은 중요한 사안인 관계로 다시금 논의해 본다. 논자들은 북조계 사서에서 요서경략이 보이지 않는다는 점을 부정론의 유력한 논거로만 삼았다. 그러나 해당 사서에 대한 사료 검증도 하

-六世紀前半を中心に-」『朝鮮學報』 178, 2001, 27~28쪽.

114 최진열, 「5~6세기 2개의 遼東-北魏의 天下觀과 역사왜곡이 만들어낸 고구려의 요동과 북위의 요동」 『동북아역사논총』 62, 동북아역사재단, 2018, 176~192쪽.

지 않았다. 북조계 사서의 시발인 『魏書』는 漏落과 改修와 修正이 잦았다. 그랬기에 편찬 당시부터 공정성을 잃었다는 평가를 받아 더러운 역사책이라는 '穢史'로 비난을 받았다.[115] 실제 『위서』는 『동문선』에도 수록될 정도로 회자된 惡書의 전형이었다.[116] 순암 안정복도 "역사를 더럽힌 魏收 같은 자가 있음에야. 참으로 역사란 읽기가 어려운 것이다"[117]고 말하면서 위수를 특정했다. 이규경도 위수와 『위서』에 대해 혹독하게 비판하였다.[118] 결국 현재 전하는 『위서』의 변형, 저자인 위수의 편찬 태도, '三無一存' 式 사료의 극심한 누락 등으로 요서경략이 수록되지 않았을 수 있다.[119]

이러한 『위서』의 문제점과 관련한 최근의 구체적인 연구 성과를 소개해 본다. 『위서』 太祖紀의 拓跋珪(道武帝)는 주변의 유목 부족 및 후연과의 전쟁에서 승리하는 과정을 기술하였다. 그러나 이 기록은 『晉書』·『宋書』·『南齊書』 등과 대조해 볼 때 서로 상반된 기록

---

115 국사편찬위원회, 『中國正史朝鮮傳 譯註一』, 신서원(복간), 1990, 519~520쪽.

116 『東文選』 권101, 傳, 楮生傳. "承詔與魏收 同修國史 以收好惡不公 謂之穢史"

117 『順菴先生文集』 권18, 序, 琴英烈公文集序. "穢史之收者乎 信乎讀史之難也"

118 『五洲衍文長箋散稿』 經史篇4, 史籍類1, 史籍總說, 二十三代史及東國正史辨證說.

119 方善柱, 「百濟軍의 華北 進出과 그 背景」 『白山學報』 11, 1971, 16쪽.

이 많다. 서로 상이한 내용을 담고 있는 북위와 東晉 및 南朝의 사서 가운데 어느 기록을 믿느냐에 따라 北魏 初 사건의 진실과 해석이 달라진다. 따라서 이에 대한 집중 분석 결과『위서』의 기록이 과장되었거나 왜곡된 것으로 밝혀졌다. 남조계 사서가 오히려 정직하였다.[120] 논자들은 이 같은 북조계 사서의 문제점을 직시하지 않았다. 북조계 사서에 적혀 있지 않으니 요서경략은 사실이 아니라는 주장은 대단히 단선적이다. 이로 인한 요서경략 왜곡 폐해를 절감해야 한다.

더욱이 백제가 요서에 진평군을 설치할 때 요서 지역은 북위 영역도 아니었다. 그러니 백제의 요서경략이『위서』에 수록되어야 할 당위성도 없다. 그 밖에『위서』는 백제 개로왕대 上表와 북위의 詔書 위주로만 채워졌다. 그리고 현전하는『周書』는 후세에 결락이 생겨『북사』등에서 보충하였다.[121]『주서』가 원래의 모습이 아니라는 것이다. 게다가『북사』백제 조는 선행 사서를 답습했기에 새로운 내용이 없다. 이러한 북조계 사서의 한계를 직시해야 한다. 더욱이 요서경략 시점을 동진 말로 간주한다면, 三燕의 대혼란기였기에 기록의 완비를 기대하기는 더욱 어렵다. 따라서 북조계 사서의

---

120 崔珍烈,「後燕의 代北 遊牧諸部 정책과 拓跋部의 부상-登國年間 後燕-拓跋部 관계의 原像」『大同文化研究』107, 2019, 145~185쪽.

121 神田信夫·山根幸夫 編,『中國史籍解題辭典』, 燎原書店, 1989, 145~146쪽.

요서경략 기사 누락은, 사실 자체를 부정할만한 직접적인 증거는 될 수 없다.

이처럼 결함이 많은 북조계 사서와는 달리 488년과 537년에 각각 편찬된 『宋書』와 『南齊書』는 追撰이 아니라 사료 가치가 높은 당대사에 속한다.[122] 즉 『송서』는 劉宋(420~479) 멸망 후 9년 만에 편찬되었고, 『남제서』는 南齊(479~502) 멸망 후 35년만에 편찬되었다. 요서경략이 착각의 산물이었다면 636년에 편찬된 『梁書』에서는 수정되거나 폐기되었을 것이다. 그러나 이와는 달리 唐代에 편찬한 『通典』 등에서는 백제가 경략한 지역까지 구체적으로 보태졌다. 이 사실은 요서경략 기사에 대한 신뢰와 더불어, 관련한 多種의 사료가 전해왔음을 알려준다.

실제 요서경략이 初出된 『宋書』 이래 후대 사서의 관련 기사는 판박이가 아니었다. 내용상에 차이가 보였다. 지속적으로 내용이 보태지는 정황이었다. 중국인들에게는 결코 자랑일 수 없는 요서경략에 대한 새로운 정보의 追補를 뜻한다. 곧 요서경략의 실재를 뒷받침해주는 증좌이자 착각설의 卓上案出을 반증하는 것이다.

그리고 북조의 역사가들은 적대적인 남조의 왕조들을 정통성이 없고 열등하게 서술했다고 한다. 남조의 역사가들 역시 이와 동

122　金庠基,「百濟의 遼西經略에 對하여」『白山學報』3, 1967;『東方史論叢(개정판)』, 서울대학교 출판부, 1984, 432~433쪽.

일하게 북조를 서술했다.[123] 『남제서』 등에 보이는 北魏에 대한 **魏虜·獫狁·匈梨**와 같은 **卑稱**이 단적인 사례가 된다. 이와 동일하게 『위서』에도 남조 정권에 대한 비칭이 등장한다. 일례로 "이해에 島夷 桓玄이 그 主 司馬德宗을 廢하고 스스로 즉위하고는 참람되어 大楚로 일컬었다"[124]·"이해에 島夷 劉裕가 군대를 일으켜 桓玄을 주살했다"[125]는 기사에 모두 등장하는 '島夷'를 꼽을 수 있다. 이렇듯 북위는 桓楚와 劉宋의 건국자들을 죄다 '島夷'로 일컬었다. 그랬기에 『위서』에서는 유송·남제·梁의 건국자인 劉裕·蕭道成·蕭衍을 모두 島夷傳에 넣었다. 島夷는 본거지인 화북에서 쫓겨나 섬같이 조그만 곳에 산다는 뜻으로, 남조 漢族에 대한 멸칭이었다.[126]

이렇듯 상대가 비칭을 남발하는 사서가 정직한 서술을 담보할 수는 없다. 북조계 사서에서는 백제에 요서 지역을 빼앗긴 수치스러운 사건을 굳이 기재하지 않았을 수 있다. 민세 안재홍도 "『魏書』 등 北方 胡系 諸國의 書에 全然 이 事實을 傳치 아니함은 그 自國 關係의 일임으로 諱함에 因함이다"[127]고 했다. 반면 이 사안은 남조에

---

123 한스 프랑켈·申龍澈 譯, 「中國의 歷史敍述에서의 客觀性과 偏頗性」 『中國의 歷史認識(上)』, 창작과비평사, 1985, 249쪽.

124 『魏書』 권2, 太祖 天興 6년.

125 『魏書』 권2, 太祖 天賜 원년.

126 李道學, 「百濟의 海外活動 記錄에 관한 檢證」 『충청학과 충청문화』 11, 충청남도역사문화연구원, 2010, 9~10쪽.

127 安在鴻, 『朝鮮上古史鑑(下)』, 民友社, 1948, 251쪽.

서는 북조 정권의 열등을 부각시킬 수 있는 好材였다. 그러므로 요서경략 기사는 백제와 연대한 남조의 사서에는 기재되었지만 북조계 사서에서는 은폐될 수 있었다.

그런데 이러한 배경을 염두에 두기는커녕 요서경략 자체를 부정하려는 편집증이 문제였다. 요서경략 부정이라는 결론을 미리 내려놓고 갖은 정황을 끌어모았다는 인상을 받게 한다. 따라서 북조계 사서에 요서경략 기사가 보이지 않으니 허구라는 주장은[128] 남북조 사서의 편찬 배경과 南北朝人들의 정서에 대한 몰이해를 드러냈다.

북조계 사서에 요서경략이 수록되지 않은 근본적인 요인으로는 오히려 "晉平郡이라는 이름은 백제 스스로 세웠기 때문에 晉과 魏의 여러 사서에 모두 실리지 않았다. 지금 錦州府 땅인 것 같다"[129]는 견해에 공감이 간다. 진평군의 역사는 순전히 백제사에 속하였기에 북조계 사서에 수록하지 않았다고 한다. 『양서』의 "自置百濟郡" 기사를 염두에 두고 담원 정인보도 "백제의 自置한 郡은 백제사 地理志의 材料일지언정 晉 이후 저 史志에 記載될 緣由가 없다. 다시 말하면 저 史志에 없는 것이 더욱이 自置임을 證할 수 있는 것이

128　金毓黻, 『東北通史』, 國立東北大學研究室叢書, 1941; 洪氏出版社, 1976, 236쪽.

129　丁謙, 「宋書夷貊傳地理攷證」 『浙江圖書館叢書一集』, 浙江圖書館, 1915. "晉平郡名 爲百濟所自立 故晉魏諸史皆不載 似卽今錦州府地"

다"[130]고 설파했다. 진평군은 기존의 중국 郡名이 아니었다. 백제가 새로 設郡한 郡名이었다. 이렇듯 진평군은 응당 백제 영역에 속하였기에 북조계 사서에 수록되지 않았다. 당연하지 않은가?

(3) 동기와 과정이 없다는 요서경략

③ 주장은 요서경략을 부정하는 근원적인 요인이었다. 백제가 어떻게 그 먼 바다를 건너서 진출할 수 있었고, 또 그럴만한 동기가 있었냐는 것이다. 한진서가 대표적이다(g). 안정복은 유목민인 선비족이 세운 북위는 바다를 건너 백제를 침공했지만, 백제의 중국 진출은 가능하지 않다는 모순된 정서를 보였다(e-2). 주지하듯이 유목민이 세운 북위는 水戰에 능하지 못하여 양쯔강을 넘지 못하고 남조와 대치한 실정이었다. 그러한 북위군이 바다를 건너 백제를 침공할 수 없기에 북위군의 渡海說은 신빙성이 희박하다. 따라서 북위의 침공 대상 백제는, 육로 침공이 가능한 요서와 화북 지역일 수밖에 없다.[131]

그리고 논자들은 백제의 요서 지역 진출 동기가 확인되지 않았다고 한다. 고구려의 평양성 천도 역시 "15년에 도읍을 평양으로

---

130 鄭寅普, 「五千年間 朝鮮의 '얼'-百濟의海上發展(四)」『東亞日報』 1936. 3.7;『朝鮮史硏究(下)』, 서울신문사, 1947, 207쪽.

131 金庠基, 「百濟의 遼西經略에 對하여」『白山學報』 3, 1967;『東方史論叢(개정판)』, 서울대학교 출판부, 1984, 430쪽.
李萬烈, 『講座 三國時代史』, 知識産業社, 1976, 85~86쪽.

옮겼다 十五年 移都平壤(①)"라고만 적혀 있을 뿐이다. 요서경략 부정 논리를 적용한다면, 평양성 천도의 동기와 배경·준비 기간·천도 공간이 구체적으로 확인되지 않았으니 인정하기 어렵다고 해야 논리상 맞다. 반면 백제의 요서 진출 동기는 사료에 적힌대로 고구려를 견제하기 위해서였다(a-1~5). 그러니 진출 동기가 확인되지 않았던가?

백제는 366년(근초고왕 21)·368년(근초고왕 23)·433년(비유왕 7)·434년(비유왕 8)·485년(동성왕 7)에 보듯이 신라와의 친선에 힘을 기울였다. 그리고 백제는 倭와도 화친하고, 동진·송 등과 통교한 것은 모두 고구려 견제책의 일환이었다. 따라서 백제의 요서경략 배경을 헤아리는 일은 어렵지 않다.[132] 신라 말의 최치원이 唐의 고관에게 보낸 문건에서 "고구려와 백제의 전성 시에는 强兵이 百萬이었다. 남으로는 吳·越을 침공했고, 북으로는 幽·燕·齊·魯 지역을 어지럽게 하여 중국의 커다란 좀이 되었다(a-14)"고 했다. 비록 과장된 문면이 스며 있다치더라도 중국대륙을 놓고 백제와 고구려가 경쟁하는 양상을 보여준다.[133] 이렇듯 백제의 요서경략은 가감없이 고구려 견제에서 비롯하였다. 이후 백제의 요서경략은 남

---

132 金庠基, 「百濟의 遼西經略에 對하여」 『白山學報』 3, 1967; 『東方史論 叢(개정판)』, 서울대학교 출판부, 1984, 428쪽.

133 金庠基, 「百濟의 遼西經略에 對하여」 『白山學報』 3, 1967; 『東方史論 叢(개정판)』, 서울대학교 출판부, 1984, 432쪽.

조와 연대하여 북위를 견제하거나 협공하는 기제가 되었다.

그리고 ③ 주장에는 백제의 항해 능력에 대한 회의적인 정서가 저변에 깔려 있다. 그러나 백제는 마한 이래로 중국 대륙과 교섭을 가졌다. 원거리 大洋 항해 능력을 구비한 것이다. 이에 대해서는 다음 「마한의 對西晉 교섭 일람표」가 요긴하다.[134]

표4. 마한의 對西晉 교섭 일람표

	(帝紀)	(馬韓 條)	(辰韓 條)
276 咸寧二	二月東夷八國歸化		
	七月東夷十七國內附		
277 咸寧三	是歲東夷三國內附	(馬韓)來	
278 咸寧四	三月東夷六國來獻	(馬韓)請內附	
	是歲東夷九國內附		
280 太康元	六月東夷十國歸化	馬韓遣使入貢方物	辰韓王遣使獻方物
	七月東夷二十國朝獻		
281 太康二	三月東夷五國朝獻	馬韓主遣使入貢方物	辰韓復來朝貢
	六月東夷五國內附		
282 太康三	九月東夷二十九國歸化		
286 太康七	八月東夷十一國內附	馬韓至	辰韓又來
	是歲馬韓等十一國遣使來獻		
287 太康八	八月東夷二國內附	馬韓至	
288 太康九	九月東夷七國詣校尉內附		

---

134 末松保和, 『新羅史の諸問題』, 東洋文庫, 1954, 132~133쪽.

	(帝紀)	(馬韓 條)	(辰韓 條)
289 太康十	五月東夷十一國內附	馬韓至	
	是歲東夷絶遠三十餘國來獻		
290 太熙元	二月東夷七國朝貢	馬韓詣東夷校尉何龕上獻	
291 元康元	是歲東夷十七國詣校尉內附		

위의 표에서 보듯이 馬韓諸國과 백제는 서해를 횡단하거나 연안 항해를 했든 간에 일찍부터 중국 대륙에 항진할 수 있는 조선술과 항해 능력을 갖추었다. 물론 고구려의 해상 통제로 인해 백제군이 요서에 진출할 수 없다고 단정한다. 그러나 이보다 후대 일이지만 "이듬해 六軍이 요수를 건너자, 璋(백제 무왕: 필자) 또한 국경에서 군사를 경계하게 했다"[135]고 하였다. 큰 바다로 隔했지만, 백제는 요서 지역 隋軍의 동태를 기민하게 포착한 것이다.

그리고 현실적으로 해상 통제는 어려울 뿐 아니라 不可測性으로 인해 완벽하게 이루어질 수는 없었다. 게다가 4세기 말 백제는 연안 항해를 넘어 서해 횡단 항로를 개척했다고 한다.[136] 그럼에도 백제의 서해 횡단 항로를 부정한다면, 512년에 신라 이사부의 우산국 정벌은 어떻게 가능할 수 있었을까? 물론 우산국은 명주 정동쪽 바다에 소재하였고, 묵호에서 불과 161km밖에 떨어져 있지 않다.

135 『隋書』 권81, 東夷傳, 百濟. "明年 六軍渡遼 璋亦嚴兵於境"

136 박종욱, 「백제의 對中國交涉航路 -고구려의 해상 차단 관련 기록을 중심으로-」『百濟學報』 19, 2017, 139쪽, 146쪽.

그렇지만 신라에서도 直航 항해 능력을 구비했음을 뜻한다. 항해 능력 未備를 이유로 백제의 요서경략을 부정하는 논자들은, 이 件에 答해야 할 것이다.

그러면 항해 능력 件에 대한 구체적인 정황을 제시해 본다.「광개토왕릉비문」에 따르면 왜군도 선단을 이용한 원거리 항해로써 대방계 즉 황해도 방면까지 급습하였다. 즉 "14년 甲辰에 倭가 不軌하여 帶方界를 침입하자 △△△△△石城△ 船이 연달아 △△△王이 몸소 거느리고 △△ 平穰으로부터△△△ 선두가 서로 맞닥뜨리자 王幢이 끊어버리고, 흔들어서 절단하여, 왜구가 무너져서 패하니, 베어서 죽인 게 셀 수 없었다"[137]고 했다. 백제의 요서경략을 부정하는 이들은 백제가 운용하는 선박의 승선 인원까지 밝혀져야 한다고 했다. 이러한 논리라면 404년에 왜군의 고구려 본토 침공은 어떻게 해석할 것인가? 백제가 倭보다 항해술과 조선술이 뒤쳐져 있어야 가능한 주장이다. 이에 대한 해답부터 제기하는 게 순리가 아닐까. 근본적인 문제는 백제와 신라에서 중국에 보낸 사신들은 대부분 해로를 이용했지만, 승선 인원은 기록에 남아 있지 않다. 이러한 부정론자들의 견해대로라면 백제의 대중국 교류도 승선 인원이 파악되지 않았기에 허구라고 해야 맞다. 요서경략 부정론자들

---

137 李道學,『새롭게 해석한 광개토왕릉비문』, 서경문화사, 2020, 36~37
       쪽. "十四年甲辰 而倭不軌 侵入帶方界 △△△△△石城△連船△△△
       [王躬]率△△ [從]平穰△△△鋒相遇 王幢要截盪刺 倭寇潰敗 斬煞無數"

의 주장은, 백제가 동남아시아 지역과 교류한 사실을 제시하면 무력해진다.[138] 가령 무녕왕대에 출발한 승려 겸익은 뱃길을 통해 中印度에 입국하지 않았던가? 倭의 5王 가운데 한 사람인 武가 '舫'이라는 백제의 큰 선박을 거론하였다. 650년에 왜에서 건조한 선박 2척의 이름이 '구다라 후네百濟船'였다. 크고 튼튼한 선박의 대명사가 될 정도로 백제 선박의 우수성을 말해준다.[139] 게다가 백제는 일거에 선박 3백 척을 동원하여 지금의 일본 후쿠오카 지역인 쓰쿠시築紫에 상륙하고자 했다.[140] 백제의 대규모 항해 능력을 보여준다.

보다 중요한 사실은 바다로만 통할 수 있는 백제가 전연 가까이에 고구려와 함께 등장하는 것이다(a-7).[141] 백제의 요서 진출 동기는 고구려의 유주 진출을 견제하는 동시에, 동진 편에서 북조의 前秦(351~394)을 견제하려는 데 있었다고 한다.[142] 이 견해도 후진들에게 영향을 미쳤다. 어쨌든 이러한 견해의 공감 여부를 떠나 백제의 출병 동기로서는 불가하지 않다.

---

138 李道學, 「百濟의 交易網과 그 體系의 變遷」『韓國學報』 63, 一志社, 1991, 96~102쪽.

139 이도학, 『새로 쓰는 백제사』, 푸른역사, 1997, 577쪽.

140 『日本書紀』 권20, 敏達 13년 是歲. "… 百濟人謨言 有船三百 欲請築紫 …"

141 조희승, 『조선단대사(백제사2)』, 과학백과사전출판사, 2011, 9쪽.

142 사회과학원 력사연구소, 『조선전사 4(중세편)』, 과학백과사전종합출판사, 1991, 84~87쪽.

그 밖에 백제 지역인 천안 두정동 고분에서 출토된 재갈을 비롯하여 청주 봉명동 출토 馬鐸 등이 선비계와 닿고 있다. 청주 신봉동 고분군에서 출토된 鐵鍑 또한 이와 무관하지 않다. 백제 귀족의 성씨인 難氏와 段氏도 선비계와 닿아있다.[143] 그리고 450년의 시점에서 유송으로부터 서하태수에 봉해진 馮野夫의 馮氏는 북연의 國姓이었다. 이러한 요소들은 백제의 요서경략 때 취득이 가능한 현상들이다. 앞서 거론한(註19) 難氏와 禰氏 일족의 遼陽 거주와 백제 관직에 나간 사실도, 차후 치밀한 검토가 요망되지만, 요서경략과 결부 지을 소지는 차후의 과제로 남긴다.

<백제 鐵鍑과 선비 銅鍑. 왼쪽부터>

사진4. 청주 신봉동 고분군 鐵鍑. 높이 17.5cm

사진5. 중국 랴오닝성 北票 喇嘛洞 II M328 동복. 높이 15.8cm[144]

사진6. 중국 랴오닝성 北票 喇嘛洞 II M166 동복(左). 높이 17.5cm[145]

---

143 李道學, 「百濟의 起源과 慕容鮮卑」『충북문화재연구』 4, 충청북도문화재연구원, 2010, 14~21쪽, 12쪽.

사진7. 중국 랴오닝성 北票 西溝 수집 馬鐸. 높이 4.3cm[146]

사진8. 청주 봉명동 출토 마탁   사진9. 청원 송대리 출토 마탁

144 遼寧省文物考古硏究所,『三燕文物精粹』, 遼寧人民出版社, 2002, 74쪽.

145 遼寧省文物考古硏究所,『三燕文物精粹』, 遼寧人民出版社, 2002, 74쪽.

146 遼寧省文物考古硏究所,『三燕文物精粹』, 遼寧人民出版社, 2002, 58쪽.

(4) '요서경략설' 가설론

④ 주장과 관련해 '요서경략설'이라는 용어의 부당함이다. '설'에는 '학설'의 의미가 담겼지만 기본적으로 주관적인 생각을 가리킨다. 이와 엮어진 '주장'의 辭典的 의미는 "(사람이 어떠하다고) 자신의 의견이나 주의, 권리를 굳게 내세우다"는 것이다. 그러면 '요서경략설'을 주장한 이는 누구일까? 이는 학설의 제기가 아니기 때문에 동조자는 있지만 主唱者를 찾을 수는 없다. 사료가 말하고 있기 때문이다. 따라서 주관성과 학설적인 인상을 주는 '요서경략설'은 '요서경략 기사'나 '요서경략론'으로 표기하는 게 온당하다.

그러면 '요서경략설' 용어를 처음 사용한 이는 누구였을까? 와다 하카토코가 1951년에 발표한 「백제의 요서영유설에 대하여」라는 논문 제목에 보인다(ⓔ). 그는 논문에서도 '백제의 요서영유설'이라는 용어를 사용하였다. 한국에서는 고대사 개설을 집필한 이기동 저술의 소제목에 '百濟의 遼西經略說', 본문에서 '遼西領有說'이라고 했다.[147] 이후 '요서경략설'은 하나의 역사 용어로 자리잡았다. 이 점 각별히 유의해야할 사안으로 보인다.

(5) 백제가 전쟁한 대상은 고구려인가

⑤ 주장은 백제가 해상 진출할 수 없다는 전제하에 『남제서』 동

---

147 李基白·李基東, 『韓國史講座(古代篇)』, 一潮閣, 1982, 195쪽.

성왕대 북위와의 전쟁 기사를 고구려와의 전쟁으로 교체한 것이다. 착각설에 속한 이러한 주장은 오카다 히데히로가 본격적으로 제기하였다. 한국 연구자들은 쉽게 접근할 수 있는 오카다 히데히로의 저서를 인용도 없이 학설만 추종했다. 이 점을 일깨우고자 한다. 즉 "근래의 연구결과에 의하면 이곳의 상대가 魏가 아니라 고구려였다는 것이다"[148]고 했지만, 정작 오카다 히데히로의 논지 인용은 없다.

이 설을 주창한 오카다 히데히로는 동성왕이 남제에 보낸 국서에 등장하는 '獫狁'과 '匈梨'를 고구려로 간주하였다. 백제와 북위의 전쟁은 기실 고구려의 남진을 저지하는 전쟁으로 규정했다.[149] 여기서 한 걸음 더 나아가 어떤 논자는 '匈梨'를 '句梨'의 誤寫로 간주하여 고구려로 지목하였다. 그렇지만 匈梨와 동일한 대상인 '獫狁'이나 '魏虜'는 북위를 가리키고 있지 않은가? 따라서 이 문제는 오카다 히데히로와 후학들의 생각처럼 간단하게 해석할 수는 없다.

북위를 구성하는 지배 종족인 선비와 연관 짓는 종족이 흉노였

---

148 俞元載, 『中國正史百濟傳研究』, 학연문화사, 1993, 88쪽, 93쪽에서도 동일한 언급을 했지만 역시 출전 인용은 없었다. 자신이 원래 인용한 논문(「『南齊書』〈百濟國傳〉의 魏虜侵入百濟 記事」)을 수록한 同書, 231~257쪽에도 오카다 히데히로의 논지 인용은 보이지 않았다. 그렇지만 유원재는 나름의 논거를 구축하여 제기했기에 의미가 없지는 않다.

149 岡田英弘, 『倭國』, 中央公論社, 1977, 143쪽.

다. 흉노를 '험윤'과 '흉리'로 일컬었다. 가령 『위서』 冒頭에서 獫狁을 山戎과 더불어 "匈奴之屬"이라고 하였다. 그리고 『남제서』 백제조의 해당 구절 註釋에 따르면 "匈梨는 匈奴單于와 같은 말이다"[150]고 했다. 게다가 '魏虜'라고 하여 분명히 백제의 전쟁 대상을 명시하였다. 그럼에도 어떻게 '고구려'로 둔갑할 수 있는 지 자못 의아하다. 『남제서』에는 "魏虜 匈奴種也"[151]라고 했듯이 魏虜를 匈奴와 일치시켜 인식하였다. 그럼에도 고구려를 '魏에 종속된 오랑캐'라는 뜻의 '魏虜'로 지칭했다는 혹자의 해석은 너무나 자의적인 강변이다. 『남제서』 고려국 조 모두에서 "東夷高麗國 西與魏虜接界"라고 하였다. 고구려가 西로는 魏虜와 접했다고 한다. 그런데 어떻게 고구려와 魏虜가 동일한 세력일 수 있을까?

　남조에서 '虜'로 표기한 대상은 북위였다. 즉 '魏虜'를 가리켰는

150　中華書局, 『南齊書』 3, 1983, 1020쪽.
　　　강종훈은 백제가 고구려를 匈梨로 일컬은 것은 "마치 광개토왕릉비문에서 백제를 '온갖 쓰레기'라는 의미의 '百殘'으로 표현한 것과 같은 이치이다(강종훈, 「4세기 전반 百濟軍의 遼河 일대에서의 활동에 관한 기사의 검토」 『백제와 요서지역』, 한성백제박물관, 2015, 333쪽, 註12)"고 했다. 그러나 '百殘'의 '殘'은 그런 뜻이 아니다. 『孟子』의 王道政治思想에서 '義'의 대척 세력으로 규정한데서 이름 붙여진 것이다. 그리고 '仁'의 대척인 '賊'은 倭에게 붙였다. 이렇게 하여 '百殘'과 '倭賊'이 탄생한 것이다(李道學, 「龍飛御天歌의 世界」 『문헌과 해석』 3, 태학사, 1998, 184~185쪽).

151　『南齊書』 권57, 魏虜傳.

데, 실제 남제에서는 魏軍을 '虜軍'이라고 했다(a-11). 그럼에도 백제가 고구려를 '魏虜'로 지칭한 국서를 남조에 보냈다면 고구려로 인지할 수 있었을까? 더구나 『남제서』에는 魏虜傳까지 있다.[152] 동성왕의 對南齊 국서에는 일관되게 북위를 '험윤'·'흉리'·'위로'로 일컬었다. 그랬기에 『자치통감』(a-9)이나 『삼국사기』(a-10)에도 백제와 북위와의 전쟁 기사로 게재한 게 아니었을까? 따라서 『남제서』의 이러한 호칭들이 북위를 가리킴은 재론할 여지조차 없다.[153] 그럼에도 논자들은 백제와 고구려의 전쟁을 오인해 북위로 잘못 기재했다는 것이다.[154] 모두 속았다는 게 아닌가. 이 역시 착각설에 연원을 두고 있다. 그런데 정작 착각한 이는 20세기의 오카다 히데히로와 그 아류들이었다. 착각설은 오카다 히데히로→유원재→강종훈 등으로 이어지는 계보를 지녔다. 그렇지만 정작 한국의 연구자들은 오카다 히데히로의 논거를 인용하지도 않았다.

북위의 존재를 부정할 수 없었다. 그러자 이제는 북위가 고구려와 함께 백제를 공격했다는 주장이 제기되었다. 어떻게든 백제가 강대한 북위와 전쟁을 치를 수 없다는 심사에서 고구려를 개입시

---

152 『南齊書』 권57, 魏虜傳.

153 李道學, 「百濟의 海外活動 記錄에 관한 檢證」 『충청학과 충청문화』 11, 충청남도역사문화연구원, 2010, 10쪽.

154 강종훈, 「4세기 전반 百濟軍의 遼河 일대에서의 활동에 관한 기사의 검토」 『백제와 요서지역』, 한성백제박물관, 2015, 333쪽.

킨 것이다. 논리의 빈곤과 편견을 실감하게 한다. 그런데 한성 함락 이후 백제는 동성왕대까지 고구려와 전쟁을 치른 바 없다. 그러니 북위가 아닌 고구려와의 전쟁론은 더욱 성립되지 않는다. 내부적으로 어려웠던 백제는 아산만 이북까지를 고구려에 할양하여 양국 간에 전쟁이 없었다고 한다.[155]

(6) 요서 지역에 백제 관련 물증이 없다

⑥ 주장은 요서 지역에서의 고고학적 유물 제시를 傳家의 寶刀처럼 휘두르고는 한다. 백제가 요서를 경략했다면 남겼을 물증을 요구하고 있다. 이와 관련해 과거에는 존재했지만 현재는 확인되지 않은 사례를 제시해 본다. 가령 『용안현읍지』에는 금강에 연한 익산 용안면 무학산에 소재했던 마애불 기록에 대해 "칠성산 : 무학산 뒤쪽 산기슭에 옛적에는 석불이 있었다. 박동상 詩에 어느 때 석공이 마음과 정신을 쏟아, 요술처럼 벼랑에 두 불상을 만들었고, 뾰족하고 높은 바위를 도끼로 새기니 진실로 교묘하고, 얼굴과 몸체가 사람과 흡사하네"[156]라고 묘사했지만, 현재 실물은 남아 있지 않다. 그렇다고 이 기록 자체를 허구로 단정할 수는 없다. 더구나 題詠에

---

155 李道學, 「漢城 陷落 以後 高句麗와 百濟의 關係 -耽羅와의 關係를 中心으로」『전통문화논총』 3, 2005, 122~124쪽.

156 『龍安縣邑誌』山川, 七成山. "舞崔山後麓古有石佛 朴東翔詩 何年匠石 費心神 幻出懸崖兩佛身 嶠岩斧鑿誠爲巧 面目機形太似人"

도 적힌 생생한 구체적 기록이므로 실체가 분명하였다.

고구려의 천리장성도 16년이 소요된 국가적 대토목공사였다.[157] 그렇지만 현재 그 흔적이 미미한 관계로 축조하지 않았다는 주장도 있다.[158] 그렇다고 현재 실물의 확인 여부가 存否를 가늠하는 지표가 되기는 어렵다.[159] 천리장성 축조는 기록이 너무나 구체적일 정도로 분명하기 때문이다.

이렇듯 고고학적 증거 유무가 실존 여부를 결정 짓는 만능열쇠는 아니었다. 가령 고구려의 행정 지배는 천안 북부 이북까지 미쳤다. 그렇다고 고구려 蛇山縣이었던 직산 주변에서 고구려 유적과 유물이 출토되었던가? 그리고 충주고구려비와 근접한 장미산성은 고구려의 통치 거점이 분명했다. 이곳에서 백제 조족문 토기는 출토되었지만 고구려 유물은 아직까지 출토된 바 없다. 인접한 탑평

---

157 『三國史記』권20, 영류왕 14년. "春二月 王動衆 築長城 東北自扶餘城 東南至海 千有餘里 凡一十六年畢功"
    『三國史記』권20, 영류왕 25년. "王命西部大人蓋蘇文 監長城之役"
    『舊唐書』권199上, 東夷傳, 高麗. "建武懼伐其國 乃築長城 東北自扶餘城 西南至海 千有餘里"
    『三國遺事』권3, 興法, 寶藏奉老 普德移庵. "盖金又奏築長城東北西南 時男役女耕 役至十六年乃畢"

158 李成制, 「高句麗 千里長城에 대한 기초적 검토」『嶺南學』25, 2014, 67~69쪽.

159 李道學, 「「廣開土王陵碑文」에 보이는 '南方'」『嶺南學』24, 2013, 29~32쪽.

리에서 고구려 유적이 확인된 상황에서 고구려가 장미산성을 이용하지 않았다고는 생각하기 어렵다. 이렇듯 고고학적 유적과 유물은 어디까지나 참고 요소일 뿐이다.

물론 한반도와의 교류 거점이자 항구인 산둥성 萊州 일원에서 백제 토기인 壺가 출토되었다. 그러나 이러한 백제 유물의 존재는 부차적 요소일 뿐이다. 백제의 요서경략 여부를 결정 짓는 절대적인 지표는 아니었다.

요서 지역의 백제 유적은 백제인들의 존재 양상이 전제되어야 파악이 가능하다. 이곳에 진출한 백제인들의 기존 주거 시설 활용 여부를 비롯해 물자 조달 체계가 확인되지 않았다. 그러므로 물증이 남아 있지 않다는 이유로 요서경략 자체를 부정하는 주장에는 동의하기 어렵다. 더욱이 요서 지역은 현재 대한민국의 행정력이 미치지 못하는 공간이다. 고고학적 조사에는 한계가 따른다.

비근한 예로 중국 지린성 허룽시和龍市 룽터우산龍頭山 발해 고분군 중 대형 석실분인 M12와 M3호분에서 발해 3대 문왕의 왕비인 孝懿皇后와 9대 簡王의 왕비인 順穆皇后의 이름을 새긴 묘지석이 각각 출토되었다. 순목황후 묘지석에는 총 141자의 글자가 새겨졌다고 한다. 묘지석에는 "발해국 순목황후는 간왕 황후 泰氏이다"[160]고 적혀 있다. 그런데 이 묘지석 2장은 전문이 공개되지 않

---

160 吉林省文物考古研究所 · 延邊朝鮮族自治州文物管理委員會辦公室, 「吉林華龍市龍海渤海王室墓葬發掘簡報」『考古』2009-6, 38쪽. "渤海國

았다. 그 이유는 중국에서 설정한 동북공정 논리와 충돌하는 '황후' 용어와 발해의 建興 연호가 보였기 때문이다. 황후는 황제의 배우자였다. 그러므로 발해 왕은 唐代 지방정권의 수장이 아니었다. 발해 왕은 비록 外王內帝라고 해도 외형상 중국과 대등한 황제였다. 중국은 이 사실이 알려지는 것을 두려워했다. 이와 마찬가지로 요서 지역에서 설령 백제 유적과 유물이 확인되었다고 하자. 그렇더라도 공개되는 일은 결코 용이하지 않다. 실제 해당 룽터우산 고분은 2004년 7월~11월과 2005년 6월~11월에 발굴을 완료했지만, 2009년 하반기에야 簡報 형태로 소개되었을 뿐이다.[161] 이때도 2장의 묘지석 全文은 공개하지 않았다. 이렇듯 중국 내 고고학 증거 제시에는 현실적인 제약이 엄존하고 있다. 이 점을 유념해야 한다.

3) 490년 전쟁에 대한 접근

490년 백제와 북위의 전쟁(a-11)을 구체적으로 살펴본다. 시점상으로는 북위가 뤄양洛陽 천도를 단행한 493년에서 불과 3년 전이었다. 당시 북위 효문제는 남제 정벌을 표방하고 대군을 이끌고 수도인 지금의 산시성 다퉁大同에서 뤄양으로 온 후 전격적으로 천도

順穆皇后即簡王皇后泰氏也"

161 吉林省文物考古硏究所 · 延邊朝鮮族自治州文物管理委員會辦公室, 「吉林華龍市龍海渤海王室墓葬發掘簡報」 『考古』 2009-6, 23~39쪽.

를 완료했다.[162]

북위는 490년과 그 2년 전인 488년에 백제와 전쟁을 하였다. 戰場이 요서였고, 또 북위군의 패퇴로 귀결되었다. 이러한 북위의 패배가 산시성 다퉁에서 뤄양 천도에 미친 심리적 영향도 고려해야 한다. 선학이 언급했던 바처럼 뤄양 천도의 심리적 요인일 수 있다. 490년 전쟁은 거시적으로 보면 백제와 남제의 북위 협공 내지는 공동 대응 성격도 지녔다. 그러면 490년 전쟁 기사(a-11)의 전개 양상을 다음과 같이 재정리해 살펴본다.

기사 :   是歲 魏虜又發騎數十萬攻百濟入其界 牟大遣將沙法名·
         贊首流·解禮昆·木干那率衆襲擊虜軍 大破之
         去庚午年 獫狁弗悛 擧兵深逼 臣遣沙法名等領軍逆討
         宵襲霆擊 匈梨張惶 崩若海蕩 乘奔追斬 僵尸丹野 由是
         摧其銳氣 鯨暴韜凶 今邦宇謐靜 實名等之略 尋其功勳
         宜在襃顯 今假沙法名行征虜將軍·邁羅王 贊首流爲行
         安國將軍·辟中王 解禮昆爲行武威將軍·弗中侯 木干
         那前有軍功 又拔臺舫 爲行廣威將軍·面中侯 伏願天恩
         特愍聽除

전쟁 시점 : 490년(是歲=庚午年)
도발 주체 : 북위(魏虜)
공격 방법 : 기병 통한 백제 영역 침공(又發騎數十萬攻百濟入其界)
           기병들이었기에 깊숙이 쳐들어 옴(擧兵深逼)

---

162 박한제, 『박한제 교수의 중국역사기행3』, 사계절, 2003, 124쪽.

방어 방법 : 逆討(沙法名等領軍逆討)

전쟁 결과 : 大破

위의 기사에 따르면 북위군 기병 수십만이 백제 영역 깊이 쳐들어왔다. 북위는 기병전을 구사했기에 깊숙이 진입해 올 수 있었을 것이다. 그러나 동성왕이 파견한 백제군의 逆擊으로 북위군은 大破당했다. 북위군 시체가 들을 붉게 물들였다. 북위군이 陸續한 백제 영역을 침범했다가 패퇴했음을 뜻한다. 이때 백제군은 북위의 臺舫을 쳐서 빼앗았다. 물론 '臺舫'은 樓船이므로[163] 북위 기병 수십만의 선박 탑승을 상상할 수는 있다. 그러나 이 경우는 유사 사례와 비교해 판단하는 게 좋다.

唐이 660년에 서해를 가로질러 백제를 침공했을 때 '統水陸十萬(『구당서』 신라 조; 『자치통감』 顯慶 5년 3월 조)'·'水陸十三萬(『삼국사기』 태종 무열왕 7년 조)' 등으로 표기했다. 선단을 통한 상륙전이었기에 반드시 '水軍'의 존재를 명기하였다. 그러나 북위의 경우는 "又發騎數十萬攻百濟入其界"라고 했다. 순전히 騎兵을 통한 백제 영역 진입이었다. 사실 군사적으로 월등히 우위였던 북위가 남조를 제압하지 못한 이유는 양쯔강을 건너지 못할 정도로 수군이 허약했기 때문이었다. 실제 472년에 북위 사신이 고구려를 경유하여 陸路로 백제에 들어가려고 했으나 좌절되었다. 그러자 북위 사신은 산둥성 東

---

163 方善柱, 「百濟軍의 華北 進出과 그 背景」 『白山學報』 11, 1971, 8쪽.

萊에서 해로를 이용하려 했지만 풍랑을 만나 실패했다.[164] 이처럼 시원찮은 항해력을 지닌 북위였다. 그러한 북위가 비록 과장이 섞였다치더라도 '數十萬'을 운위한 騎馬軍團만을 탑재한 선박을 운용해 한반도 서해안으로 밀려올 수는 없다. 그렇지 않겠는가?

그러면 '臺舫'의 역할은 무엇인가? 기병에 선단까지 포함시키면, 북위군은 육로와 해로 雙방향으로 백제에 쳐들어 온 게 된다. 아니면 '대방'은 기병을 지원할 목적의 군수품을 적재한 수송선일 가능성이다. 후자를 존중한다면 전장은 해변에서 멀지 않은 곳일 수 있다. 문제는 戰場의 소재지이다. 백제 본토라면 기병의 이동과 관련해 고구려 영역을 통과해야 한다. 북위에서 랴오허를 지나고 또 압록강을 건너 평양성을 지나 남진을 거듭해야만 백제 영역에 이를 수 있다. 병참선이 아주 길어진다.

이러한 動線은 고구려의 지원이나 허락 없이는 불가하다. 그런데 웅진성 천도 이후 백제는 동성왕대까지 고구려와 전쟁이 없었다. 그럼에도 고구려가 북위의 백제 진출을 방조를 넘어 협력했을 지는 의문이다. 만약 이게 사실이라면 5세기판 '征濟假道'가 된다. 그러나 실현 가능성은 없다. 472년에 북위 獻文帝 명의로[165] 邵安을 백

---

164 『三國史記』권25, 개로왕 18년.

165 顯祖(a-4)에 대해서는 효문제로 간주하는 견해도 있지만 헌문제가 맞다(국사편찬위원회, 『中國正史朝鮮傳 譯註一』, 신서원(복간), 1990, 564쪽).

제에 사신으로 보냈으나 고구려 장수왕이 막았기에 육로를 이용할 수 없었다.[166] 비록 북위의 백제 공격 병력이라고 하자. 그렇더라도 자국 영역을 통과하게 하는 일은 현실적으로 용이하지 않다. 고구려의 가상 적국인 북위 大兵의 자국 통과는 숱한 의구심을 유발하게 할 뿐 아니라 병참 지원까지 요구받게 마련이다.

물론 북위 선단이 고구려 연안을 따라 백제 해역으로의 항진 가능성도 고려해야 한다. 그러나 대규모 기병 부대가 승선했다면, 굳이 '發騎數十萬'으로 적시할 필요가 없다. 다른 전제 없이 기병 수십만이 백제 영역에 진입한 내용이므로, 陸上 진출로 받아들이는 게 자연스럽다. 설령 북위 선단이 연안 항해를 시도하더라도 고구려 수군의 해상통제와 관련한 領海權과 엮어지므로 절대 간단하지 않다.

그러나 490년의 戰場을 요서 지역으로 상정한다면 무리가 없다. 이때 북위는 연안항해를 통한 수송선을 발진시켰을 수 있다. 이러한 사례는 비록 후대인 645년에 唐軍이 고구려를 침공했을 때 보인다. 주력인 唐의 육군 외에 程名振이 거느린 수군은 大連灣에 상륙하여 卑奢城을 기습·함락시켰다.[167] 북위 수군도 육군과는 별도로 연안 항해를 통해 요서 상륙을 시도했을 수 있다. 따라서 '臺舫' 곧 樓船은, 병력과 보급품을 탑재한 수송선의 旗艦으로 보인다. 북

---

166 『三國史記』 권25, 개로왕 18년.

167 『三國史記』 권21, 보장왕 4년.

위군은 기병을 통해 요서 깊숙이 진격해 가는 한편, 선박을 동원해 大兵의 軍需 즉 길어진 병참 문제를 해결하고자 했을 수 있다.

지금까지의 논의와 다음 장(Ⅱ장)에서의 논의를 함께 정리하면 다음과 같다. ① 기사 소략으로 유명한 『삼국사기』에서의 요서경략 不載가 부정론의 준거가 될 수 없다. ② 고의적인 왜곡과 누락이 심한 북조계 사서는 요서경략 여부를 판단하는 근거가 되지 않는다. ③ 요서의 진평군은 백제인들이 설치한 백제 행정 구역이었다. 북조계 사서에 수록되어야할 당위성이 없다. ④ 후연 귀족이 백제 조정에서 활약하는 인적 교류, 그리고 군사 장비인 마구류와 사치품인 금제 귀고리 등에서의 연관성이 보인다. 양자 간 교류의 긴밀함을 보여준다. ⑤ 고구려가 신라 구원을 명분으로 출병했지만 후연의 기습으로 실패했다. 그 직후 후연이 고구려에 밀려 위기에 처하였다. 전자의 경우 백제와 후연이 연대한 정황이 보였다. 후자의 경우 위기에 처한 후연을 지원할 수 있는 세력은 연대한 백제일 수밖에 없다. 백제와 후연의 共敵은 고구려였기 때문이다. ⑥ 한반도 서남부의 백제와 공간적으로 격절된 북중국 북위가, 충돌할 수밖에 없는 충돌 요인이 존재했다. 북위에게 눈엣가시 같은 요서 백제를 빼 놓고는 생각하기 어렵다. ⑦ 이러한 흐름에서 볼 때 백제의 요서 출병은 가능한 환경이었다.

4) 백제의 중국 동부 연안 진출

백제의 중국 동부 연안 진출과 관련해 문헌 자료부터 살펴본다. 唐代에 편찬된 『한원』에 따르면 삼한의 "경계는 鯤壑에 잇닿았다"[168]고 했다. 이어서 "제학은 東鯤人이 거주하는 바다 가운데 작은 섬이다"[169]고 하였다. 제학의 위치는 『漢書』 지리지에서 "會稽 바다 바깥에 東鯤人이 있

는데, 20여 국으로 나누어졌다. 歲時에 와서 獻見했다고 한다"[170]고 했다. 회계는 월주인데 지금의 샤오싱紹興을 가리킨다. 따라서 동제인이 거주하는 제학은 샤오싱 동쪽 바다에 소재한 것이다.

삼한 즉 마한의 서쪽 경계인 제학은 한반도 서쪽 바다에 소재한 섬들을 가리킨다.[171] 물론 제학은

사진10. 해변에 세워진 신라초기념비

168 『翰苑』 三韓. "境連鯤壑 地接鼇波"

169 『翰苑』 三韓. "魏略曰 … 鯤壑東鯤人居海中州"

170 『漢書』 권28, 地理志下, 吳地. "會稽海外有東鯤人 分爲二十餘國 以歲時 來獻見云"

171 湯淺幸孫 校釋, 『翰苑校釋』, 國書刊行會, 1983, 58~59쪽에서는 동제

사진11. 신라초와 저우산 군도

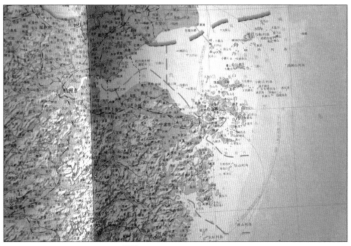

지도6. 샤오싱과 저우산 군도[172]

고구려인 李他仁의 墓誌에서 "父孟眞 本朝大相 並以鯷壑景靈"라고
하였다. 여기서는 고대 한국을 가리키는 삼한의 범칭으로 사용했
다. 그러나 『한원』의 제학은 마한의 서쪽 바다에 소재한 도서를 가
리키고 있다.

백제의 서쪽 경계와 관련해 개로왕이 472년에 북위에 보낸 국서
의 "지난 庚辰年 후에 저의 서쪽 경계의 小石山 북쪽 나라 바다 가
운데서 시신 10여 구를 발견하였습니다"[173]는 구절이 상기된다. 여
기서 소석산은 백제 서쪽 海域에 소재한 섬임을 알 수 있다. 『삼국
지』 동이전 韓 條의 馬韓諸國 가운데 小石索國과 大石索國이 보인
다.[174] 이러한 소·대석국은 서해의 소석산과 결부 짓고 있다.[175] 그
리고 소석산은 대석산의 상대적 호칭일 것이다. 그렇다면 소·대석
국은 서해에 소재한 2곳의 群島를 가리킨다. 서해에 소재한 마한의
2곳 도서는, 삼한 즉 마한의 "경계는 鯷壑에 잇닿았다"는 구절과
관련지어 살펴야 한다. 그렇다면 마한의 서계는 지금 현재의 한반
도 부속 도서를 훨씬 넘어 서쪽에 소재했을 가능성이다. 백제는 서

의 위치를 특정하지 않았다.

172　中國地圖出版社, 『中國地圖集』, 2007, 108~109쪽.

173　『三國史記』 권25, 개로왕 18년. "去庚辰後 臣西界小石山北國海中 見
　　　屍十餘"

174　『三國志』 권30, 東夷傳, 韓.

175　李丙燾, 『韓國古代史硏究』, 博英社, 1976, 263쪽.

해와 남해의 유인도 15곳에 모두 城邑을 두어 통치하고 있었다.[176]

그러면 마한의 西界인 제학은 백제와 관련 있을까? 백제는 오 · 월을 침공했고(a-14), 서쪽으로는 바다를 건너 월주와 접했다고 한다.[177] 월주인 샤오싱은 백제의 서쪽 경계였다. 그렇다면 샤오싱 동쪽 바다를 백제 해역으로 상정할 수 있다. 이곳을 곧 제학의 공간적 범위로 상정할 수 있을까. 샤오싱 동쪽 바다에 소재한 저우산 군도舟山群島 부근에는 新羅礁가 남아있다. 이를 근거로 저우산 군도를 백제 영역으로 지목하기도 한다.

그리고 위덕왕이 책봉받은 동청주자사(a-13) 직함은 실제적인 의미는 없는 것인가? 이와 관련해 중국 동부 연안인 장쑤성江蘇省 롄윈강連雲港 주변에서 확인된 무려 789基에 달하는 石室墳이[178] 주목된다. 발견자에 의하면 롄윈강 주변에는 당초 2천 기 이상의 석실분이 산재했었다고 한다.[179]

---

176 『隋書』권81, 東夷傳, 百濟. "國西南人島居者十五所, 皆有城邑"

177 『舊唐書』권199上, 東夷傳, 百濟. "東北至新羅 西渡海至越州 南渡海至 倭國 北渡海至高麗"

178 張學鋒, 「江蘇連雲港'土墩石室'遺存性質芻議」『東南文化』2011-4, 108쪽.

179 連雲港 주변 石室墳들은 白龍山 등지에 분포하고 있다. 필자는 중학교 교사 출신으로서 현지 민속학회 부회장인 최초 발견자 闞祥富 (1943년생)의 안내를 받아 2014년 1월 10일에 현장을 폭넓게 확인한 바 있다. 이에 관해서는 李道學 外, 『육조고도 남경』, 주류성,

렌윈강 화궈산花果山은 『서유기』의 손오공이 태어난 고향이었다. 즉 "숲속에는 신령한 날짐승들과 검은 학이 있다. 신령한 풀과 기이한 꽃들이 시들 때가 없고, 푸른 소나무와 잣나무는 영원한 푸르름을 누린다. 仙界의 복숭아가 항상 열매를 맺고, 기다란 대나무숲에는 항상 구름이 머문다"[180]고 묘사되었다.

화궈산에 소재한 석실분에 대해서는 고대 한국인의 분묘 가능성이 한·중 양국에서 유력하게 제기되었다. 즉 신라인의 분묘[181] 혹은 백제 멸망 직후 唐으로 압송된 백제인들의 분묘 가능성이다.[182] 그런데 렌윈강 주변에 백제 유민들이 거주한 기록은 없다. 설령 렌윈강을 백제 유민들이 이주한 공간이라고 하자. 그러면 故國인 백제로의 탈출이 용이한 해변 지역에 徙民시킬 이유는 없다. 더구나 이곳은 연고지와 격절시킨다는 사민의 통상 원칙과도 맞지 않다. 그 뿐 아니라 화궈산은 宋代 이전에는 島嶼나 半島였다고 한다. 1888년 산동성 대지진으로 인한 융기 현상으로 육지가 되었다는 것이다.[183] 그렇다면 렌윈강 지구는 사민 지역이 되기는 더욱 어렵

2014, 451~461쪽을 참고하기 바란다.

180 오승은 著·홍상훈 外 譯, 『서유기』, 솔, 2019, 30쪽.

181 張學鋒, 「江蘇連雲港'土墩石室'遺存性質芻議」 『東南文化』 2011-4, 112~116쪽.

182 박순발, 「렌윈강(連雲港) 봉토석실묘의 역사 성격」 『百濟의 中國 使行路』, 충남대학교 백제연구소, 2012, 112~113쪽.

183 李道學 外, 『육조고도 남경』, 주류성, 2014, 451쪽.

사진12. 롄윈강 석실분 내부

사진13. 롄윈강 석실분

다. 실제 이곳은 백제 유민들의 사민 지역과는 관련이 없다.[184] 오히려 백제인들의 진출에 용이한 지형이었다. 바로 그러한 중국 동부 연안 島嶼에 석실분이 조성된 것이다. 따라서 이곳 海島는 중국 동부 연안에서 활동하던 백제인들이 불리할 때는 入保하여 도모할 수 있는 입지로서 적격이었다.

렌윈강의 석실분은 사비성 도읍기 백제 묘제와 부합하는 면이 많다고 한다. 그러면 렌윈강의 석실분은 백제 멸망 이후가 아니라 백제 당시, 백제인의 분묘일 가능성은 없는 것일까? 이와 관련해 신라인의 활동은 주로 장쑤성 양저우揚州부터 산둥성 웨이하이威海에서 이루어진 것이 훨씬 많았다. 그런데 렌윈강의 중원타이산中雲臺山에서만 봉토석실분이 발견되었다. 정작 신라인들의 활동 공간인 산둥성에서는 석실분이 발견되지 않았다. 그러니 응당 이에 대한 의문이 제기될 수밖에 없었다.[185] 대단히 예리하면서도 적절한 지적이었다. 그 행간에는 이들 석실분들이 백제 분묘일 가능성을 간파한 것이다.

그리고 933년에 後唐의 고려 태조 책봉 詔書에서 "卿은 長·淮의 茂族이며 漲海의 雄蕃이다"[186]고 한 구절이 주목된다. 태조를 가리

---

184 李道學, 『백제 사비성시대 연구』, 일지사, 2010, 426쪽.

185 高偉·許莉, 「연운항시 봉토석실의 조사 보고」 『百濟의 中國 使行路』, 충남대학교 백제연구소, 2012, 94쪽.

186 『高麗史』 권2, 태조 16년. "卿 長淮茂族 漲海雄蕃"

켜 '장·회의 무족'이라고 한 구절은, 985년(성종 4)에 宋이 고려 성종을 책봉한 조서의 "항상 백제의 백성을 편안하게 하고, 영원히 長·淮의 족속을 무성하게 하라"[187]는 글귀와 연관된다. 여기서 '長·淮'는 揚子江과 淮水를 가리킨다. 이 곳과 '백제의 백성'이 관련 있음을 뜻한다. 또 이들의 정치적 귀속성이 고려와 연결됨을 암시해 준다. 그렇지 않다면 조서에서 언급할 하등의 이유가 없었을 것이다.[188] 더욱이 중국 연구자들도 소개했듯이 롄윈강 주변의 중원타이산 화궈산 석실분은 충청남도 논산 표정리 백제 석실분과 구조적으로 연결된다.[189] 그 뿐 아니라 롄윈강은 백제인들이 거주했던 '장·회' 가운데 회수와 관련된 지역이다. 따라서 롄윈강 석실분을 백제와 연관 짓는 게 무리하지 않다. 게다가 고분군의 규모가 광대하다. 오랜 기간에 걸쳐 조성되었음을 뜻한다. 따라서 이곳은 백제인들의 상주 거점으로 보아진다. 나아가 사서에 적힌 백제의 중국 진출 기록이 결코 虛辭가 아님을 입증해 주는 부동의 물증이다.[190]

---

187 『高麗史』 권3, 성종 4년 5월. "常安百濟之民 永茂長淮之族"

188 李道學, 「해상왕국 대백제와 백제 왕도 부여」 『백제문화 세계화와 백제고도 부여』, 대전일보사, 2009; 『백제 사비성시대 연구』, 일지사, 2010, 509쪽.

189 張學鋒, 「江蘇連雲港 '土墩石室' 遺存性質芻議」 『東南文化』 2011-4, 110~114쪽.

190 이상의 서술은 李道學, 「윤명철, '해양사연구방법론'(학연문화사,

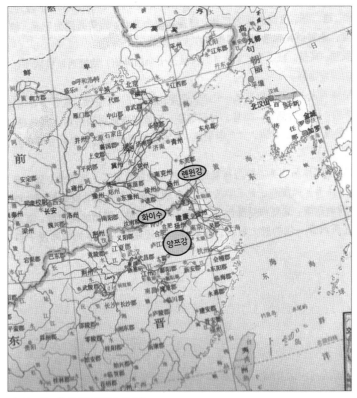

지도7. 長‧淮인 양쯔강과 화이수

『한원』에서 마한 즉 백제의 西界라는 제학을, 越州(샤오싱) 동편의

2012)에 대한 서평」『고조선단군학』 28, 2013, 420~423쪽에 근거
하였다.

사진14. 화이수淮水

新羅礁를 포함한 저우산 군도로 지목하는 견해가 있다.[191] 그렇다면 롄윈강 고분군 일대도 본시 島嶼였으므로, 중국 동부 연안과의 경계가 아니라고 할 수도 없다. 광대한 규모로 자리잡은 백제 고분군의 존재 때문이다. 이와 관련해 당시 지형에 대한 면밀한 고찰이 필요하다.

롄윈강 석실분은 백제인들이 지속적으로 중국 동부 연안 도서에 진출했음을 뜻한다. 『구당서』에서 백제의 서계를 월주로 표시한 데는 그럴만한 이유가 있었던 것이다.

---

191 김성호, 『중국진출백제인의 해상활동 천오백년 1』, 맑은소리, 1996, 364~369쪽.

5. 교과서의 요서경략 서술

백제의 해외 영역 구축과 관련한 주목할만한 서술이 고등학교 국사 교과서에서 확인된다. 『구당서』에서 "(백제가) 서쪽으로는 바다를 건너 월주에 이르렀다"[192]고 한 기사에 근거한 서술이었다. 다음의 서술은 백제가 오월을 침공한(a-14) 기사와도 연계되어 있다.

⟨k⟩ … 밖으로는 멀리 진출하여 중국의 구당서(舊唐書)란 책에도 적혀 있거니와 백제는 한때 서쪽으로 바다를 건너 월주(越州, 會稽)에 이르렀으니, 이곳 수천 리의 땅을 백제 사람들이 차지하고 살았었다.[193]

홍이섭이 1959년에 집필한 글이다. 이에 따르면 백제는 본토에서 월주인 지금의 저장성 샤오싱에 이르는 광대한 해역 안의 도서와 중국 동부 연안에 거점을 구축한 게 된다. 교과서로서는 대단히 과감한 서술이었다.

요서경략이 고등학교 국사 교과서에 구체적으로 서술된 시점은, 국정으로 전환한 1974년부터였다. 이후 요서경략은 국정이나 검인

---

192 『舊唐書』 권199上, 東夷傳, 百濟. "東北至新羅 西渡海至越州 南渡海至倭國 北渡海至高麗"

193 洪以燮, 『고등국사 우리나라 문화사』, 正音社, 1959, 32쪽.

정 교과서 서술에 중요한 지침이 되었다. 실제 중·고등학교 국사 (한국사) 교과서에서는 요서경략을 서술하였다. 그 중 일부만 다음과 같이 추려 소개해 본다.

ⓛ 한편, 4세기 중엽 진이 약화되었을 때에, 백제는 부여족이 살고 있던 랴오시 지역을 점령하였다. 이 당시 백제는 기마 민족 세력이 일찍부터 진출하여 식민지 세력을 세워 놓은 일본 지역, 그리고 랴오시 지방, 산뚱 반도 등지를 본국과 연결할 수 있는 고대 상업 세력을 가지고 있었다.[194]

ⓜ 한편, 4세기 중엽 진이 약화되었을 때, 백제는 부여족이 살고 있던 요서 지역을 점령하였다. 그리하여, 백제는 기마 민족 세력이 일찍부터 진출하여 각 지방에 식민지 국가를 세워 놓았던 일본 지역, 그리고 요서 지방, 산둥 반도 등지와 본국과를 연결하는 고대 상업 세력을 가지게 되었다.[195]

ⓝ 한편, 백제는 그 국력을 크게 뻗쳐, 4세기 중엽에 중국에서 진의 세력이 약화된 틈을 타서 요서지방을 점령하고, 이어서 우세한 경제력과 군사력을 바탕으로 일본의 큐우슈우 지방에까지 진출하였다. 이처럼 백제인은 요서 지방, 큐우슈우 지방, 그리고 본국을 연결하는 활동 무대를 확보하여 활발하게 해외 진출

---

194 문교부, 『인문계 고등학교 국사』, 한국교과서주식회사, 1974, 19쪽.

195 국사편찬위원회 1종도서연구 개발위원회, 『고등학교 국사』, 1979, 22쪽.

을 하였다.[196]

ⓞ 백제는 중국의 동진, 가야, 왜와 외교 관계를 맺고 고구려를 견제하였다. 이를 기반으로 백제는 황해를 건너 중국의 요서·산동 지방과 일본의 규슈 지방에 진출하여 활동 무대를 해외로 넓혔다.[197]

ⓟ (근초고왕대) 정복 활동을 통하여 축적한 군사력과 경제력을 바탕으로 백제는 수군을 정비하여 중국의 요서 지방으로 진출하였고, 이어서 산동 지방과 일본의 규슈 지방에까지 진출하는 등 활발한 대외 활동을 벌였다.[198]

ⓠ (근초고왕대) 이 시기에 백제는 중국의 요서·산동 지방과 일본의 규슈 지방까지 진출하였으며, 중국 남조의 동진, 가야, 왜와 외교 관계를 맺었다.[199]

ⓡ 한편, 중국의 동진, 왜의 규슈 지방과 우호적인 관계를 맺었으며, 중국의 요서 지방에 진출하는 등 활발한 대외 활동을 벌였다.[200]

ⓢ 요서경략설 : 요서경략설은 백제가 요서 지방에 진출하여 진평군, 백제군 등을 설치했다는 주장이다. "송서", "양서" 등 중국

---

196 국사편찬위원회 1종도서연구 개발위원회, 『고등학교 국사』, 1982, 22쪽.

197 교육인적자원부, 『중학교 국사』, 2002, 36~37쪽.

198 교육인적자원부, 『고등학교 국사』, 2002, 52쪽.

199 최준채 外, 『고등학교 한국사』, 법문사, 2011, 27쪽.

200 도면회 外, 『고등학교 한국사』, 비상교육, 2015, 31쪽.

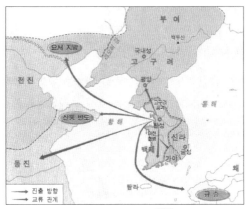

지도8. 백제의 요서경략에 관한 지도[202]

남조 역사서에 바탕을 둔 이 주장을 놓고 많은 논란이 벌어지고 있다.[201]

위의 인용에서 보듯이 1974년 문교부에서 펴낸 『인문계 고등학교 국사』부터① 요서경략이 수록되었다. 이 책의 고대편은 김철준이 집필했다. 김철준은 앞서 s-1·2에서 보았듯이 요서경략을 수용하는 입장이었다.

그런데 요서경략이 교과서에 처음 수록된 1974년부터 2020년까지에서 서술상의 변화를 읽을 수 있다. 먼저 요서경략은 '점령'에

---

201 양현종 外, 『고등학교 한국사』, 동아출판, 2015, 26쪽.
202 교육인적자원부, 『고등학교 국사』, 2002, 52쪽.

서 '진출'로 바뀌었다. 근자에는 '요서경략설'이라는 용어마저 교과서에 등장했다ⓢ. 여기서 '점령'은 자국 영역화를 가리키는 의미이다. 반면 '진출'의 사전적 의미는 "어떤 분야나 방면에 나아가 활동하기 시작함"이었다. 따라서 진출은 점령보다는 훨씬 후퇴한 개념이다. 그리고 '설'은 학설 즉 주관성을 지닌 견해라는 의미였다. 교과서상 백제의 요서경략은, 역사적 사실에서 출발하여, 교류나 활동 구간, 나아가 검증이 요구되는 학설로 전락하였다.

2015년 교과서 중에는 본문에 요서경략에 관한 서술이 보이지 않는다. 대신 지도에 '요서 지방'을 표시한 후 박스 처리하여 '요서경략설'을 부정적으로 서술했다. 즉 "중국 사서에 바탕을 둔"이 아니라 "『송서』, 『양서』 등 중국 남조 역사서에 바탕을 둔ⓢ"이라는 서술은, 중국 북조계 사서가 빠진 반쪼가리 증언에 불과하다는 인상을 주고 있다. 은연 중 요서경략 기사가 지닌 증거 능력의 취약성을 부각하려는 의도로 보인다. 그리고 요서경략 기사에 대한 '논란'을 덧붙여 놓았다. 논란의 사전적 의미는 "어떤 대상이나 소재에 대하여 이러니저러니 서로 다르게 주장하며 다툼"이다. 그러니 요서경략 기사는 연구자들이 공감할 수 있는 학설이 아닌 양 결론을 내렸다. 2020년 교과서 중에도 본문에 요서경략 서술이 없다. 대신 여백에 참고용으로 다음과 같이 적혀 있다.

ⓣ 백제의 요서 진출 : 백제의 요서 진출은 중국 역사서 『송서』, 『양서』 등에는 기록되어 있으나 우리나라 역사서에는 기록이

없어 사실 여부에 대해 논란이 있다.[203]

2015년 판에서 백제의 요서경략을 수록한 동일한 교과서의 2020년 판에서는, 요서경략이 삭제된 경우도 있었다. 2015년에 간행한 『고등학교 한국사』에서는 '4세기 백제의 발전' 지도 밑에 요서경략을 다음과 같이 적었다.

> ⓤ 『삼국사기』, 『삼국유사』 등 우리나라 역사서에 백제의 요서 진출에 대한 기록이 없고, 백제의 요서 진출을 기록한 중국 역사서 내용에 대한 논란이 있어 백제의 요서 진출에 대해서는 여러 가지 주장이 있다.[204]

위의 교과서는 백제의 요서경략을 지도에서는 표시했다. 그렇지만 위의 인용에서 보듯이 백제의 요서경략을 부정하고 있다. 그런데 앞서 인용했듯이 ⓡ 본문에서는 백제의 요서 지방 진출을 기재하였다. 그렇지만 위의 인용에서 보듯이 ⓤ 기실은 부정적인 입장을 내비쳤다. 요서경략에 관한 복잡한 속내와 셈법을 헤아릴 수 있다. 특히 백제의 요서경략을 회의적으로 보는 근거로서 국내 史書에 수록되지 않은 점을 거론했다. 이러한 사고 구조라면 「광개토왕릉비문」에 적힌 전쟁 기사가 국내 사서에서 전혀 보이지 않은 점도

---

203 도면회 外, 『고등학교 한국사』, 비상교육, 2020, 14쪽.
204 도면회 外, 『고등학교 한국사』, 비상교육, 2015, 31쪽.

문제 삼아야 한다. 안시성주와 장보고의 활약상도 당초 국내가 아니라 외국 문헌에 수록되었다. 게다가 중국 사서의 요서경략 기사에 대한 논란은 앞서 검토하였다. 따라서 위의 교과서 서술은 요서경략을 부정하기 위해 갖은 트집을 잡는다는 인상을 준다. 물론 교과서 집필자는 학계의 일반 정서를 반영했을 뿐이다.

2019년 '교육부 검정' 판에서는 요서경략에 대한 적극적인 서술이 거의 사라졌다. 한성백제박물관에서 2015년 10월에 개최한 요서경략 세미나 이후 사실상 타당성 없는 주장으로 결론을 내리자 이후 교과서 서술에서 배제하는 경향을 보인 것 같다.[205]

6. 맺음말

백제가 요서 지역에 진출하여 郡을 설치한 기록은 중국 측 사료에서 다양하게 확인되었고 위치까지도 구체적으로 적시되었다. 그럼에도 주관성을 연상하는 '說'이라는 문자를 넣어 '요서경략설'로 일컫고 있다. 이 용어는 의도하지 않았다 치더라도 正史 기록의 객관성을 저해했다.

요서경략에 '설'을 최초로 붙인 이는 일본인 연구자 와다 하카토

---

205 李道學, 「신민족주의 역사학의 서술과 역사 인식의 교과서 반영 검증 -백제 건국 세력의 계통과 요서경략을 중심으로」 『단군학회 2020년 가을 학술회의 발표논문집』, 단군학회, 2020.11.7, 17~18쪽.

코였다. 그는 '요서영유설'로 일컬었지만 명백히 '요서경략설'이 아닌 '요서경략 기사'였다. 그러므로 백제가 요서 지역을 점령한 사실에 대한 엄밀한 분석이 요망되었다.

백제의 요서경략은 조선 후기의 신경준과 한치윤 등이 수용하였다. 그러나 안정복과 정약용 및 한진서는 요서경략을 부정했다. 후자는 논거 자체에 근거가 없거나 감상적 단상에 불과했기에 공감이 어려웠다. 그럼에도 안정복과 정약용이 제기한 '부여와 백제의 混稱說'은 21세기에 접어들어 확대·재생산되어 회생했다. 혹자는 이를 '절충론'으로 일컫고 있지만 정확히 말해 '착각설'이었다. 요서경략 주체인 부여를 백제로 착각했다는 주장이 아니던가? 착각설은 요서경략 절충론이 아니라 부정론으로 분류해야 맞다.

일제하의 민족주의 사학자들 뿐 아니라 해방 후 신민족주의 사학자들 역시 백제의 요서경략을 적극 수용했다. 그러나 6.25를 分岐로 안재홍·손진태·이인영을 비롯한 신민족주의 사학자들은 납북되었다. 이로 인해 신민족주의 사학은 사실상 단절되고 말았다. 이와 연동해 비록 관념상 연결점은 없었지만 민족주의 사학과 신민족주의 사학 간에 서로 맥이 닿았던 서술 체계와 인식은 서서히 자취를 감추는듯했다.

그럼에도 연세대학교 교수인 홍이섭은 1959년에 간행한 고등학교 국사 교과서에서 백제가 남중국 동부 연안에 거점을 확보한 史實을 서술했다. 담원 정인보의 학풍으로 보였다. 이후 서울대학교 교수인 김철준이 요서경략을 수용한 이래 1974년부터 국정 중·고등학교 국사 교과서에 반영되었다. 그렇지만 현재 요서경략 서술은 形骸가 되어 지도상으로만 남았다. 요서경략 서술은 현행 교과서에서는 참고자료 수준에 불과하였다. 최근에는 地圖는 고사하고 아예 그 사실 자체를 기재하지 않은 경우도 있다. 물론 이는 전적으로 교과서 집필자의 판단에 따른 것이지만, 요서경략을 수용한 신민족주의 사학의 잔영마저 사그라든 듯한 인상을 받았다. 작금에는 '요서 진출설을 강변하는 사이비 역사학'이라는 거친 표현을 기세등등하게 구사하는 이까지 나왔다. 백제의 요서경략은 전혀 존재하지 않았던, 마치 一場春夢이었던 양 매도되었다. 그러나 백제의 요서경략에 대해서는 얼마든지 유연한 해석이 가능하다. 이와 관련해 필자의 견해를 소개해 본다.

백제가 요서에 진출하게 된 계기는 '晉末'에 요서 지역의 격동적 상황에서 비롯했다. 공간적으로 격절되었음에도 백제는 요서의 후연과 긴밀한 관계를 유지하였다. 그러던 400년에 步騎 5만의 고구려 大兵이 신라 구원을 명분삼아 출병했다. 그 틈을 탄 후연의 기습을 받아 고구려는 서방 700여 리를 일거에 빼앗기고 말았다. 이로 인해 고구려 남정군은 회군할 수밖에 없었다. 이 사건은 백제와 후연의 共謀 결과로 해석되고 있다. 그 직후 후연은 고구려의 대대적인 반격을 받아 위태로운 상황에 이르자 백제에 구원을 요청했다. 백제군은 요서로 출병하였다. 그런데 백제군 앞에는 새로운 상황이 전개되었다. 후연이 붕괴되고 친고구려 정권인 高雲의 북연 정권이 들어섰기 때문이다.

이 상황에서 요서에 진출한 백제군은 실효 지배의 과정을 밟았다. 그 산물이 진평군 설치였다. 사서에 적혀 있듯이 백제의 진평군 설치는 고구려를 견제하는 상황에서 유발된 사건이었다. 이후 457년과 458년에 백제 개로왕은 남조의 劉宋에 보낸 사신을 통해 요서에 진평군을 설치한 사실을 알렸다. 그러면서 자국이 북위와 고구려를 견제할 수 있는 위치에 있음을 과시했다. 백제의 위상을 높이려는 의도였다. 『송서』에 요서경략이 처음 수록된 배경이다.

남북조 등거리 외교를 한 고구려와는 달리 백제는 남조 일변도였다. 그 요인은 요서 지역의 진평군 때문이었다. 고구려의 남진압박이 임계점을 넘어선 472년에야 개로왕이 북위에 사신을 보낸 이유가 해명된다.

488년과 490년에 백제군과 북위군이 격돌하였다. 이 사실은 동아시아 역학 관계상 백제의 주도적인 역할을 읽을 수 있다. 남조와 연대하여 고구려=북위로 이어지는 兩强 세력을 넘어서려는 백제의 야심과 위상이 읽혀진다.

끝으로 학설의 수용 여부를 떠나 발상의 자유로움과 상호 비판을 통한 학문적 상생의 길을 떠 올려 본다. 본고는 승자독식과 같은 일방통행적인 서술과 인식에서 벗어나 논의의 場으로 다시금 안내하려는 의도로 요서경략에서 再檢이 필요한 사안을 적시한 것이다. 이 점 분명히 해둔다.

※ 「백제의 遼西經略에 관한 논의」 『단군학연구』 43, 2020

II
백제와 後燕
그리고
北魏

1. 머리말

우리나라의 삼국과 교류했던 北朝는 중국 南北朝時代(420~589)의 북부 정권을 가리킨다. 이에 앞서 북중국에서는 五胡十六國時代(304~439)가 펼쳐졌다. 이 시기는 삼국을 통일한 西晉이 멸망한 후, 5개의 非漢族을 비롯한 16개 이상의 국가들이 淮水 북부에 諸國을 세우며 난립하던 시기였다. 기간은 前趙(304~329)가 건국된 304년 부터 北魏(386~534)가 華北을 통일한 439년까지를 가리킨다. 선비족 탁발부가 건국한 북위는 5호16국시대의 혼란을 수습하고 북중국을 통일했다. 북조는 漢族이 세운 남조와는 달리 유목민이 세운 정권이었다. 즉 화북을 지배했던 북위·동위·서위·북제·북주의 5개 왕조를 가리킨다.

북조 정권을 열었던 북위는 六鎭之亂을 거치면서, 534년에 東魏와 西魏로 분열하였다. 동위는 550년에 北齊로 정권이 바뀌었다. 서위는 556년에 北周가 대신했다. 577년에 북주는 북제를 멸망시켜 화북을 통일하였다. 581년에 외척인 양견이 북주의 양위를 받아 帝位에 오르니 隋가 등장한 것이다. 589년에 隋는 남조의 마지막 왕조 陳을 멸망시켜 중국을 재통일했다.[1]

본고에서는 우리나라의 삼국 가운데 백제와 5호16국시대 前燕

---

1 宮崎市定 著·曹秉漢 編譯, 『中國史』, 역민사, 1986, 173~196쪽.

·後燕·北燕과 북조 북위와의 관계를 분석·검토하고자 했다. 그 이유는 우선 관련 기록이 남아 있다는 것이다. 게다가 고고학적 물증이 뒷받침되는 동시에, 공간적 범위가 넓기 때문에 기존 통념에 대한 재해석이 가능해서였다.

백제는 4세기대 이래로 북중국의 諸國들과 교류하면서 한반도와 중국 요서 지역에 걸친 세력권 내에서 고구려와 각축했다. 이러한 상황에서 백제는 前燕과 교전한 기록을 남겼고, 後燕과는 연계하였다. 백제는 고구려를 유인하고, 후연은 그 배후를 치는 연계작전을 펼친 바 있었다.[2] 그 선상에서 백제는 고구려의 반격으로 苦戰하고 있던 후연을 구원하기 위해 요서에 출병하기도 했다.[3] 472년에 백제는 고구려의 남진 압박에 시종 고전하다가 북위에 파병을 요청하였다.[4] 물론 이러한 백제의 요청은 수용되지 않았다. 반면 백제는 5세기 후반에 북위군을 격파한 전과를 남겼다. 이러한 기록들은 우리나라 삼국의 동향이 북중국 諸國과 연계되어 있었음을 뜻한다.

한반도 서남부 지역에 소재한 백제의 활동 반경은 요서까지 미

---

2 李道學, 「高句麗와 百濟의 對立과 東아시아 世界」 『高句麗研究』 21, 2005, 375~377쪽.

3 李道學, 「百濟의 海外活動 記錄에 관한 檢證」 『충청학과 충청문화』 11, 충청남도역사문화연구원, 2010, 6~8쪽.

4 『三國史記』 권25, 개로왕 18년.

치고 있었다. 이는 우리나라 삼국 간의 항쟁이 국제전의 성격을 지녔음을 반증한다. 이와 더불어 백제의 문화적 계통이나 기원 역시 이들과 연계된 유목계일 가능성이 보였다.[5] 이를 염두에 두고 백제와 후연 및 북위와의 관계를 중층적으로 검증해 보고자 하였다.

2. 백제와 후연

백제는 4세기 중엽 전연과 교전하여 다수의 포로를 발생시켰다.[6] 백제는 전연의 후신인 후연과도 관계를 맺었다. 백제와 후연과의 관계에서는 고구려를 분리할 수 없다. 우선 광개토왕대로만 국한시킨다면 고구려는 400년에 후연과 격돌하였다. 문헌에는 양국 간의 전쟁 기사가 보이지만, 금석문 자료와 관련지어 검토해야 할 사안이다. 「광개토왕릉비문」에 따르면 영락 10년인 400년에 고구려 보기 5만의 대병이 신라 구원을 명분삼아 낙동강유역에 출병했다. 물론 출병 사실은 사서에서는 확인되지 않지만 부인할 수 없는 엄연한 사건이었다. 이와 관련해 출병 직전으로 생각되는 400

---

5 이에 대해서는 李道學, 「古代 韓·蒙 間의 文化的 接點」『한·몽 관계의 역사와 동북아 지역의 협력』, 주몽골대한민국 대사관·국제울란바토르 대학, 2019.7.4, 67~78쪽에서 詳論하였다.

6 李道學, 『백제고대국가연구』, 一志社, 1995, 112~114쪽.

년 정월에 광개토왕은 후연에 사신을 보내 조공하였다.[7] 이는 곧 이어 단행되는 대규모 출병에 따른 군사력의 공백을 틈탄 후연의 침공 가능성을 미연에 차단해 후고를 덜기 위한 전략적 차원의 조공이었다.[8]

물론 고구려군의 신라 출병 시점을 정확히 알기는 어렵지만 후연에 대한 조공 직후가 분명하다. 그런데 고구려에서 일부러 찾아온 조공임에도 불구하고, 후연 왕 慕容盛은 광개토왕의 禮가 오만하다는 명분을 걸고 몸소 군사 3만 명을 이끌고 고구려를 습격하였다.[9] 고구려군 주력이 신라로 출병한 틈을 타 기습한 것이다.[10] 후방인 西方 일대가 공백이 되다시피한 고구려는 후연의 기습·공격을 받아 新城과 南蘇城은 물론이고 700여 里의 영토를 일거에 빼앗겼다.[11] 고구려가 신라 출병에 지대하게 국력을 쏟았기에 빚어진 현상이었다. 이 후 고구려는 高雲 정권이 등장하기 직전인 407년까지 후연과 격렬한 공방전을 전개했다. 이처럼 양국이 격돌한 전쟁의 발단은 백제가 개입한 왜군의 신라 침공과, 신라 구원을 명분 삼

---

7 『三國史記』권18, 광개토왕 9년.

8 李道學, 「高句麗와 百濟의 對立과 東아시아 世界」『高句麗研究』21, 2005, 375쪽.

9 『三國史記』권18, 광개토왕 9년.

10 李道學, 「高句麗의 洛東江流域 進出과 新羅·伽倻經營」『國學研究』2, 1988, 92쪽.

11 『三國史記』권18, 광개토왕 9년.

은 고구려군의 출병이었다.[12]

후연의 군대가 고구려를 급습한 것은, 후연 자체의 전략적 판단에 기인했거나, 아니면 고구려군의 출병을 감지한 백제측에서 급히 후연에 연락하여 고구려의 후방을 치게 요청했을 수 있다. 그러나 후자의 추측은 시간상으로 볼 때 가능성이 희박하다. 다른 가능성을 모색한다면 백제와 연계된 倭로 하여금 신라 지역을 침공하게 할 수 있다. 이때 고구려가 개입하게 된다면 후연을 시켜 고구려 후방을 급습해 고구려군의 퇴각을 유도하게끔 계획했을 가능성이다. 물론 이러한 가정은 일단 백제와 후연과의 연계성이 확인되어야만 가능하다. 이와 관련해 백제는 5세기 후반에 멀리 무단강牧丹江 流域에 소재한 勿吉과 고구려를 협공할 계획을 세운 사실이 상기된다.[13] 훗날 후백제도 거란과 교섭을 가진 바 있다. 거란 사신이 후백제를 방문한 적도 있었다.[14] 그러니 공간적 거리만으로 백제와 후연의 연계 가능성을 배제해서는 안된다. 물론 백제와 후연을 연결시켜주는 근거를 제시해야만 설득력이 배가된다.

---

12 李道學, 「高句麗와 百濟의 對立과 東아시아 世界」 『高句麗研究』 21, 2005, 374~377쪽.

13 『魏書』 권100, 勿吉國傳.
물론 고구려에 대한 협공 계획은 勿吉 사신 乙力支의 발언에서 전하는 것이다. 이는 사전에 백제와의 협의가 있었거나 아니면 兩者間에 서로 기맥을 통하고 있었음은 분명한 것으로 보아야 할 것 같다.

14 『三國史記』 권50, 甄萱傳.

이와 관련해 석촌동 4호분 주변에서 출토된 금제 귀고리의 계통을 상기해 본다. 석촌동 4호분 주변을 비롯한 익산과 곡성에서 출토된 금제 귀고리와 동일한 계통이 중국 랴오닝성 베이퍄오 喇嘛洞 II M71호분에서 출토되었다. 라마동에서 출토된 금제 귀고리 주환의 직경은 2.8~3.3cm이며, 垂飾을 포함한 전체 길이는 5.8cm에 이른다.[15] 석촌동 등지와 동일한 금제 귀고리가 부장된 베이퍄오 라마동 고분군은 선비족이 세운 前燕·後燕·北燕의 이른바 三燕 시기의 고분이다. 이 가운데 라마동 II M71호분에서 백제와 연결되는 금제 귀고리가 출토되었다. 후연 계통의 이 귀고리와 동일한 양식이 석촌동 4호분 주변과 곡성 석곡 그리고 익산 입점리 1호분 출토품이다.[16]

사진15. 중국 랴오닝성 北票 喇嘛洞 II M71호분 금제 귀고리[17]

---

15 遼寧省文物考古硏究所, 『三燕文物精粹』, 遼寧人民出版社, 2002, 42쪽, 128쪽.

16 이에 대해서는 李道學, 『서울의 백제 고분, 석촌동고분』, 송파문화원, 2004, 232~234쪽에 서술되어 있다.

백제 지역에서 출토된 후연계 금제 귀고리[18]

| 사진16. 석촌동 고분 | 사진17. 곡성 석곡 | 사진18. 곡성 방송리 | 사진19. 익산 입점리 제1호분 |

　대가야의 고령 지산동 고분에서 출토된 마구류도 선비 계통이다. 그러한 지산동 32호분과 유사한 재갈이 천안 두정동 I -5호 목관묘에서 출토되었다. 단면 5각형의 장병 등자는 원주 법천리 등자와 유사하다. 그리고 지산동 35호분의 타원형 경판비는 천안 용원리 108호분 경판비와 유사하다고 한다. 현재까지 드러난 자료를

17　遼寧省文物考古硏究所, 『三燕文物精粹』, 遼寧人民出版社, 2002, 42쪽.

18　이도학, 『가야는 철의 왕국인가』, 학연문화사, 2019, 149~150쪽.

통해 볼 때 대가야의 지산동 집단은 백제와 깊은 관련성을 보여주고 있다. 백제 지역인 두정동 고분에서 출토된 재갈도 "이른바 삽자루형 인수로서 2조선으로 된 철봉의 가운데 부분이 오므라들었다가 넓어지면서 끝에 핀을 꽂아 마무리하여, 북방 지역 특히 鮮卑系 마구 특징을 잘 반영하고 있다"[19]고 했다. 때문에 선비계 문물이 백제를 경유해서 대가야에 전래되었을 가능성이 제기되었다.[20] 그러한 선비계 마구류가 출토된 지산동 32호분의 조성 연대를 5세기 전반으로 설정할 수 있다고 한다.[21] 따라서 시간상으로 400년 직전 백제와 후연의 교류 가능성을 상정하는 게 자연스럽다.[22]

백제 지역 선비계 귀고리와 마구류는, 백제의 기원과 관련 지을 소지가 크다. 그렇지만 요서 지역과 교류 차원에서의 접근도 가능

---

19 成正鏞, 「大伽倻와 百濟」『大加耶와 周邊諸國』, 학술문화사, 2002, 101쪽.

20 姜賢淑, 「考古學에서 본 4·5世紀代 高句麗와 加耶의 成長」『加耶와 廣開土大王』, 金海市, 2003, 90쪽. 단 姜賢淑은 백제가 고구려와의 전쟁을 통해 선비 문물을 접했을 것으로 추측하였다. 그러나 이러한 견해는 공간적으로 서로 떨어진 백제와 선비가 감히 접촉할 수 없다고 단정한 데서 말미암은 것이다.

21 金世基, 『고분 자료로 본 대가야 연구』, 학연문화사, 2003, 233쪽.

22 백제와 南燕과의 교류 가능성을 상정해 볼 수도 있다. 그러나 408년 이래로 고구려와 남연이 활발하게 교류를 하고 있었다. 가령 고구려는 千里人 10명과 千里馬 1필을 비롯해서 큰곰 가죽으로 만든 障泥를 남연에 선물하였다. 남연은 고구려에 水牛 등을 보내었다. 이러한 상황에서 백제가 남연과의 교류를 튼다는 일은 용이하지 않았을 것이다.

하다. 백제와 후연 간의 교류를 입증해 주는 물증일 수 있기 때문이다. 이와 관련해 훗날 백제가 倭 조정에 보냈거나, 왜 사신이 백제에서 받아간 선물 가운데 駱駝·노새·당나귀·羊과 같은 가축의 존재가[23] 주목을 끈다. 주지하듯이 羊은 초원 지대에 서식하는 동물이다. 낙타는 고비사막과 몽골 그리고 알타이 산맥 등지에서 서식한다. 당나귀는 티베트와 몽골에서 서식하고 있다. 의자왕이 藤原鎌足에게 선물한 木畫紫檀碁局에는 낙타를 끄는 사람이 그려져 있다.[24] 백제인들이 낙타를 접했음을 뜻한다. 이러한 가축의 존재도 백제와 후연의 연계 내지는 북중국이나 몽골과의 교류를 상정하게 하는 것이다.

백제 조정에서는 후연의 귀족 가문인 馮氏의 존재가 확인된다.[25]

---

23 『日本書紀』권22, 推古 7년.
　　『日本書紀』권26, 齊明 3년.

24 奈良國立博物館, 『正倉院展』, 1982, 86~89쪽.

25 450년에 劉宋으로부터 西河太守로 추인받은 백제인 馮野夫(『宋書』권97, 百濟國)는 그 성씨로 볼 때 北燕의 前身인 後燕의 馮跋 一派일 가능성을 심어준다. 당시 백제에서 南朝로 사신으로 파견되었던 인물들은 중국계 출신이 대종을 이루고 있었다(李道學, 「漢城末·熊津時代 百濟 王位繼承과 王權의 性格」 『韓國史研究』 50·51合輯, 1985, 8~9쪽). 그런 데다가 北魏를 견제하는 차원에서 劉宋은 北燕의 馮弘 정권을 지원한 바 있다(『宋書』권97, 高句驪國). 그리고 劉宋은 고구려로 망명했던 馮弘을 자국으로 망명시키려고 하였다. 그러나 馮弘은 고구려에서 살해되었다. 이러한 맥락에서 볼 때 백제가 馮氏 출신의 馮野

그러면 이러한 요소는 무엇을 의미할까? 백제가 고구려=신라에 대항해 이제는 왜를 넘어 후연과의 연대 가능성을 제기해 준다. 고구려의 남진 압박에 고전하고 있던 백제 개로왕은 북조의 북위를 통해 생존을 모색한 한 바 있다.[26] 이렇듯 백제가 국가 생존 차원에서 당시 고구려를 견제할 수 있는 유일하고도 가장 효과적인 대안으로 후연과 連帶했을 가능성이다. 396년에 고구려에 항복한 굴욕을 만회할 수 있는 보복 준비 차원에서 백제가 후연과 연대했을 가능

夫를 사신으로 삼아 劉宋에 파견한 목적이 드러난다. 즉 馮氏 출신을 포용한 사실을 보임으로써 백제는 北燕의 馮氏 정권에 우호적이었던 劉宋의 환심을 사고자 했던 것이다. 동시에 백제는 馮氏 세력을 소멸시킨 고구려와 대비되는 입장을 보임으로써 劉宋과 함께 고구려에 공동 대처하고자 한 것 같다. 그러므로 馮野夫는 北燕의 前身인 後燕 정권의 그 馮氏 일족의 후예로 간주하는 게 자연스럽다.
後燕 계통 馮野夫의 조상들이 언제 백제로 유입되었는지는 알려진 바 없다. 이와 관련해 이들이 고구려로 망명했다가 백제로 탈출했을 가능성도 상정할 수 있지만 희박하다고 본다. 오히려 백제가 후연과 連帶한 상황에서 상호 교섭하던 일을 맡아 보던 馮野夫의 조상들 역시 북위에 쫓기는 상황에 직면하였다. 그러자 이들은 고구려보다는 자신들에게 익숙해 있던 백제로 망명했을 가능성을 상정하지 않을 수 없다. 더구나 백제와 연대하여 고구려를 압박하는 소임을 맡았던 이들이 고구려로 망명하기는 어려웠을 것이기 때문이다. 이렇듯 馮野夫의 존재를 통해서도, 백제와 後燕과의 교류를 비롯한 연대 가능성을 모색해 볼 수 있지 않을까 싶다(李道學, 「百濟의 交易網과 그 體系의 變遷」『韓國學報』63, 一志社, 1991, 90쪽).

26 『三國史記』권25, 개로왕 18년.

성은 매우 높다.

　백제와 후연 간의 연대 가능성을 상정해 보았다. 실제 400년 정
월에 광개토왕이 이례적으로 후연에 사신을 보내 조공했음에도 불
구하고 후연은 그 다음 달인 2월에 오히려 고구려를 기습·공격하
였다. 이는 이해하기 어려운 사건이다. 그러나 그 이전에 이미 후
연과 백제의 상호 묵계가 전제되었다고 할 때 의문이 풀린다. 「광
개토왕릉비문」 영락 10년(400) 조 釋文에는 "△殘潰△"[27]라고 하여,
'殘' 즉 백제군이 고구려군에 潰敗한 기사가 보인다. 따라서 백제군
의 참전이 드러난다. 그렇다면 400년 고구려군의 낙동강유역 출병
은 고구려=신라, 그에 대적하는 백제=왜를 비롯해 戰場인 任那加
羅, 그리고 고구려의 출병을 이용해 그 후방을 급습한 後燕 등 모두
6개국이 참전한 동아시아 최대의 전장과 전쟁으로 그 의미가 평가
된다. 요컨대 이 전쟁은 오래 전부터 남진 경영을 준비해 온 고구려
와, 전면에 倭를 내세우면서 유인 전략을 구사하며 일종의 주연 역
할을 한 백제와의 대결 구도 속에서 풀어 볼 수 있다.[28] 중국 전국
시대에도 魏가 韓을 공격하자, 韓은 합종의 약속에 따라 齊에 구원
을 요청하였다. 그러자 齊는 곧장 魏를 침공하자 韓으로 진격했던

27　耿鐵華, 「好太王碑一千五百九十年祭」 『中國邊疆史地研究』 15-3, 2005,
　　70쪽에 게재된 方起東의 釋文에 의함.

28　이상의 서술은 李道學, 「高句麗와 百濟의 對立과 東아시아 世界」 『高句
　　麗硏究』 21, 2005, 374~377쪽에 의하였다.

魏軍은 황급히 회군하여 齊軍을 뒤쫓았다.[29] 신라의 요청에 따른 고구려군의 출병과 회군도 이와 마찬가지로 해석된다

고구려는 400년 후연의 공격을 받아 406년까지 사활을 건 공방전을 지속하였다. 백제는 그 틈을 놓치지 않았던 것 같다. 백제는 403년 2월에 왜국 사신이 찾아오자 厚待한 후 보냈다.[30] 그로부터 5개월 후인 403년 7월에 백제는 신라를 침공하였다.[31] 시점으로 볼 때 이는 왜 사신의 백제 방문과 어떤 연계성을 시사하고 있다. 그리고 「광개토왕릉비문」 영락 14년 조에 의하면 404년에 왜군이 선박을 동원해 대방계를 침입하였다. 이 전투에서 고구려군은 왜군을 "斬煞無數"라고 했을 정도로 크게 격파했다. 그런데 전투의 전후 상황을 놓고 볼 때 倭使가 백제를 방문한 403년 2월에 백제와 왜 사이에 일정한 군사적 협약이 맺어졌음을 암시한다.[32] 그로 인한 산물이 404년 왜군의 대방계 침공으로 간주하는 게 정황상 맞을 것 같다. 요컨대 고구려가 후연과의 전쟁에 국력을 기울인 틈을 타 백제와 연계된 왜가 고구려 심장부인 평양성의 앞 마당을 급습

---

29 『史記』 권65, 孫子 · 吳起傳.

30 『三國史記』 권25, 아화왕 12년.

31 『三國史記』 권3, 실성니사금 2년.

32 박시형, 『광개토왕비연구』, 사회과학원출판사, 1966, 199쪽에서 "왜구들은 기왕에도 수차 고구려군에 의하여 소탕되었음에도 불구하고 다시 침입하게 되었다. 그것은 역시 백제의 조종에 의한 것이 틀림 없었다"고 했다.

했다. 백제는 前年인 403년에 고구려와 연계된 신라를 먼저 침공하였다.

이러한 동아시아 정치 구도 속에서 백제의 요서경략 시점을 타진해 보고자 한다. 백제의 요서경략은 동진이 멸망하는 420년을 하한으로 하고 있다. 대략 東晉 末인 400년~420년 사이로 보인다. 이 시점에서 당시 후연은 요동 지역의 지배권을 놓고 고구려와 격돌하는 상황이었다. 즉 400년에 후연은 기습 공격으로 신성과 남소성을 비롯한 고구려 서방 700여 리를 약취했다.[33] 이에 대한 일대 반격 과정에서 고구려군은 402년에는 廣寧의 숙군성을 점령하였다.[34] 고구려는 랴오허 서쪽의 다링허大凌河 근처까지 진출한 것이다. 404년에 고구려는 깊숙이 후연의 內地까지 진격했다.[35] 405년에 후연은 고구려의 요동성을 공격했지만 이기지 못하고 물러갔다.[36] 406년에 후연은 고구려의 목저성을 공격했지만 역시 패퇴하였다.[37] 후연은 고구려의 요동 지역을 공격했지만 연패한 것이다. 고구려는 이미 402년에 다링허유역 부근 진출과 더불어, 404년에 지금의 베이징에 소재한 燕郡을 공격했을 정도로 후연을 크게 위협

---

33 『資治通鑑』 권111, 隆安 4년.

34 『資治通鑑』 권112, 元興 원년.

35 『資治通鑑』 권113, 元興 3년.

36 『資治通鑑』 권114, 義熙 원년.

37 『資治通鑑』 권114, 義熙 2년.

하였다. 이러한 고구려군의 燕郡 공격이 후연 몰락의 직접적인 요인이 되었다고 한다.[38]

고구려에 대한 후연의 위기감은 어느 때보다 고조된 상황이었다. 후연과 고구려의 팽팽한 대결 구도 속에서 결국 후연이 몰리게 되었다. 이 상황에서 후연이 선택할 수 있는 길은 고구려와 적대 관계인 백제로부터의 지원이었다. 백제는 후연의 제의가 있다면 거절하기는 어려웠을 것이다. 백제가 내심 기다렸던 시나리오일 수도 있었기에, 海外出兵이 단행된 것으로 보인다. 이에 따라 한반도 내에서 백제와 고구려의 군사적 대결이 이제는 공간을 훌쩍 뛰어넘어 랴오허 일대로까지 확대된 것이다.

그런데 408년에 후연을 이어 갑자기 등장한 고운의 북연 정권은 고구려와의 관계를 개선했다.[39] 그러자 요서 지역에 출병한 백제군은 입장이 모호해진 상황에 놓였다. 이제는 백제가 북연을 겨냥해야 하는 현실이 되었다. 결국 "自置百濟郡"라고 하였듯이 백제는 출병했던 요서 지역에 진평군을 설치하여 실효 지배 과정을 밟았다. 요서 지역의 백제군은 북위가 東進하여 북연을 압박할 때 협조했던 관계로 이곳에서의 '自置'를 묵인받았을 수 있다.

그러나 북위가 북중국을 통일한 이후 어느 때부터 진평군은 북위

---

38 池培善, 「고구려 광개토왕의 燕郡(北京) 침공원인에 대하여」 『白山學報』 83, 2009, 177~208쪽.

39 『資治通鑑』 권114, 義熙 4년.

에 눈엣가시 같은 존재였을 게 자명하다. 고구려와 대결하고 있던 백제는 사세가 다급해지자 어쩔 수 없이 처음이자 마지막인 472년에야 북위에 급히 구원을 요청했다. 그런데 백제가 북위에 지원을 호소한 시기가 너무 늦었음을 알 수 있다. 그 이유도 진평군을 에워싼 양자 간의 이해가 상충한데서 원인을 찾을 수 있을 것 같다. 당시 백제는 이상하리만치 남조 일변도의 외교를 펼친 것도, 북위 영역과 접한 진평군으로 말미암은 불가피한 선택으로 보인다. 진평군은 동성왕대인 488년과 490년에 백제와 북위의 전쟁 때까지도 존속했다. 어쨌든 이 과정에서 확보한 중국인들의 백제로의 이주도 상당했을 것으로 추측된다. 백제 문물에 선비계가 나타난 현상도 이와 무관하지 않을 것이다.

3. 백제와 북위와의 관계

1) 개로왕의 對北魏國書

백제는 369년 이래로 고구려와 사투를 벌였다. 물론 고구려의 선제 공격으로 시작된 양국 간의 전쟁은 백제의 압승으로 귀결되었다. 그러나 4세기 후반 이래로 백제는 시종 고구려에 몰리는 상황에 직면했다. 396년에는 백제 아화왕이 광개토왕에게 항복하는 굴욕을 겪었다. 그럼에도 백제는 倭와 연계하여 고구려에 대한 반격을 늦추지는 않았다. 이 와중에 북연의 馮氏가 고구려로 대거 망명하고, 북위가 화북을 통일했다. 이러한 주변 상황을 이용하여 고구려는 백제에 대한 압박을 가속화하였다. 5세기 후반 백제는 자력으로 타개할 수 없는 고구려의 남진 압박을 막기 위해 북위에 긴급 구원을 요청했다. 472년에 백제 사신단은 서해를 가로지르는 斜斷航海를 통해 산동반도 해변에 소재한 東萊에 도착하였다.[40] 東萊路는 비록 실패하기는 했지만 북위 獻文帝가 백제로 파견한 邵安 등이 이용한 항로였다. 백제 사신단은 東萊에 상륙하여 북위 수도인 산시성 다퉁까지 이동하는 험란한 노정을 밟았다. 이때 백제 개로왕이 북위 조정에 올린 國書의 전문(a-1~a-3)과 북위의 답신(a-4~a-6)은 다음과 같다.

> a-1. 18년에 사신을 보내 魏에 조공하고, 表를 올렸는데, 이르기를 제가 존립하고 있는 나라는 동쪽 끝에 있는데, 승냥이와 이리[豺狼]가 길을 막아, 비록 대대로 신령한 교화가 이어져 왔으나 藩으로서의 (예를) 바칠 수 없었습니다. 멀리 천자의 대궐[雲闕]을 바라보며 향하는 情은 이루 말 할 수 없이 큽니다. 서늘한 바람이 가볍게 부는 이때에 생각건대 황제 폐하는 천명[天休]에 화합하시니 우러러 사모하는 정을 이길 수 없습니다. 삼가 사사로이 임명한 冠軍將軍 · 駙馬都尉 · 弗斯

---

40 2018년에 萊州市博物館의 전시품 가운데 백제의 壺가 전시되었다고 한다. 實見한 이의 소견에 따르면, 이 壺는 백제에서 가져온 게 아니고 현지에서 제작한 것 같다고 했다. 東萊에 백제의 거점이 존재했음을 알려준다.

侯·長史 餘禮와 龍驤將軍·帶方太守·司馬 張茂 등을 보내 험한 파도에 배를 띄워 아득한 나루터를 찾아 헤매며 목숨을 자연의 운수에 맡겨 만 분의 일의 정성이라도 드리고자 합니다. 바라건대 하늘 신[神]과 땅 신[祇]이 감응을 드리우고 황제의 신령이 크게 살피셔서 황제의 궁궐에 능히 도달하여 신의 뜻을 펴 드러낼 수 있다면, 비록 "아침에 듣고 저녁에 죽는다"고 하더라도 길이 여한이 없겠습니다.

a-2. 또 이르기를, 저는 고구려와 더불어 근원이 부여에서 나왔으므로 先世 때부터 舊款을 독실히 존중하였으나 그 祖인 釗(고국원왕)가 경솔히 이웃과의 우호를 廢하고 몸소 군대를 이끌고 저의 땅을 짓밟으므로 저의 祖인 須(근구수 태자)는 군사를 정비하여 때에 맞춰 달려가 치니 矢石이 잠시 오가고는 釗의 머리를 베어 걸었습니다. 그 이후부터는 감히 남쪽을 돌아보지도 못하다가 馮氏가 운수가 다하자 남은 무리들이 달아나 추한 무리(고구려)들이 점점 성하여져 드디어 침범하여 핍박함을 보았고, 원한을 맺고 禍가 이어진지 30여 년이 되어, 재물도 다하고 힘도 다하여 갈수록 군색해졌습니다. 만일 폐하의 인자하심과 간절한 矜恤이 멀리 가없는 데까지 미친다면 속히 한 장수를 보내 저의 나라를 구해 주러오시면, 마땅히 저의 딸을 보내 후궁에서 빗자루를 잡게 하고 아울러 子弟를 보내 바깥 외양간에서 말을 기르게 할 것이며, 한 자[尺]의 땅과 한 명의 백성[匹夫]이라도 감히 제것으로 하지 않겠습니다.

a-3. 또 이르기를, 지금 璉(장수왕)은 죄가 있어 나라가 스스로 으깨어지고[魚肉], 大臣과 彊族들을 죽이고 戮殺하기를 마지않아, 죄가 차고 악이 쌓여 백성들은 무너지고 흩어졌습니다. 이는 멸망시킬 수 있는 때요 손을 쓸[假手] 때입니다. 또 馮族의 군사와 말들은 새와 짐승이 주인을 따르는 정[鳥畜之戀]을 가지고 있으며,

樂浪의 諸郡들은 고향을 그리워하는 마음[首丘之心]을 품고 있으니, 천자의 위엄이 한번 떨치면 정벌은 있되 싸움은 없을 것입니다. 저는 비록 민첩하지 못하나 뜻을 다하고 힘을 다하여 마땅히 예하 군대를 거느리고 위풍을 받들어 호응할 것입니다.

또 고구려는 의롭지 못하여 반역과 속임수가 하나만이 아닙니다. 겉으로는 隗囂가 번국으로서 낮추어 썼던 말을 본받으면서 속으로는 흉악한 재앙과 저돌적인 행위를 품어, 혹은 남쪽으로 劉氏와 내통하였고 혹은 북쪽으로 蠕蠕과 맹약하여 서로 입술과 이[脣齒]처럼 의지하면서 왕법[王略]을 능멸하려 꾀하고 있습니다. 옛날 堯는 지극한 성인이었지만 丹水를 쳐서 벌주었으며, 孟嘗君은 어진 사람이라고 일컬어졌지만 길에서 욕하는 말을 못 들은 체 하지 않았습니다. 흐르는 물도 마땅히 빨리 막아야 하는데 지금 만일 (고구려를) 치지 않으면 장차 후회를 남기게 될 것입니다.

지난 庚辰年 후에 저의 서쪽 경계의 小石山 북쪽 나라 바다 가운데서 시신 10여 구를 발견하였습니다. 아울러 衣服과 器物과 鞍裝과 굴레[勒] 등을 얻어 살펴보니 고구려의 물건이 아니었습니다. 뒤에 들으니 이는 곧 황제의 사신이 저의 나라로 내려오던 중 큰 뱀(고구려)이 길을 막아 바다에 빠진 것이라 합니다. 비록 자세히 알 수는 없으나 깊이 분노를 품게 됩니다. 옛날 宋이 申舟를 죽이니 楚 莊王이 맨발로 뛰어 나갔고, 새매가 놓아준 비둘기를 잡으니 信陵君이 먹지 않았다고 합니다. 적을 이겨 이름을 세우는 것은 아름답고 높기가 그지없습니다. 저 구구한 변방의 나라들도 오히려 만대의 신의를 사모하는데 하물며 폐하는 기개가 하늘과 땅에 합하고 세력은 산과 바다를 기울이는데 어찌 더벅머리 아이(고구려 장수왕)로 하여금 황제의 길을 걸터막게 하겠습니까. 지금 얻은 안장을 올리니 이 하나로서 사실을 징험하십시오.

a-4. 顯祖는 (백제가) 궁벽하고 먼 곳에서 험난을 무릅쓰고 조공하였
으므로 예우를 더욱 후하게 하고, 사자 邵安을 보내 백제의 사신
과 함께 돌아가게 하면서 詔書를 내려 말하기를, 表를 받고 별 탈
없음을 들으니 매우 기쁘도다. 卿이 동쪽 구석 五服 밖에 처해 있
으면서도 산과 바다 길을 멀다 하지 않고 魏 궁궐에 정성을 바치
니 지극한 뜻을 흔쾌히 가상하게 여겨 가슴에 거두어 두었도다.
짐은 만세의 業을 이어받아 四海에 군림하고 群生들을 다스리
니, 지금 세상[字內]이 깨끗이 하나로 되고 팔방 끝[八表]에서까
지 義에 귀순하여 업고[襁負] 이르는 자들이 이루 헤아릴 수 없으
며, 풍속이 평화롭고 군사와 말이 강성함은 모두 餘禮 등이 직접
듣고 본 바이다. 경은 고구려와 불목하여 여러 번 능멸과 침범을
입었지만 진실로 능히 義에 순응하고 仁으로써 지킨다면 원수에
대해 또한 무엇을 근심하겠는가? 앞서 보낸 사신은 바다를 건너
荒服 밖의 나라를 위무하였는데 이제까지 여러 해가 되었지만
가서는 돌아오지 않으니 살았는지 죽었는지, 도달했는지 못했는
지를 자세히 알 수 없다. 卿이 보낸 안장은 옛날 타던 것과 비교
해 보았더니 중국의 물건이 아니었다. 닮았다는 것으로 의심하
여 반드시 그렇다고 단정하는 과오를 일으켜서는 안된다. 經略
하는 요체는 別旨에 갖추어 있다.

a-5. (현조는) 또 조서에서 말하기를, 고구려가 강함을 믿고 경의 국
토를 침범하며, 先君의 옛 원한을 갚으려고 백성을 쉽게 하는 큰
덕을 버렸다. 전쟁이 여러 해에 걸치고 환난이 변경에 맺혔으며,
사신은 申胥의 정성을 겸하게 되고 나라에는 楚·越과 같은 급함
이 있음을 알겠다. 이에 응당 義를 펴고 약한 자를 도와 기회를
타서 번개처럼 쳐야 할 것이지만 다만 고구려는 先朝에 藩을 칭
하면서 職貢을 바치는 것이 오래 되었다. 그(고구려)에게는 비록
예로부터 틈새가 있었지만 나라[魏]에 대해서는 (고구려가) 명령

을 범한 허물이 없었다. 경이 사신을 처음 통하면서 곧장 정벌할 것을 요구하는 데 사정과 기회[事會]를 검토하여 보니 이유가 또한 충분치 못하다.

까닭에 지난해에 禮 등을 보내 平壤에 이르러 그 사유와 정상을 징험하려 하였다. 그러나 고구려가 상주하여 청원하는 것이 빈번하였고 말과 이치가 모두 맞으니, 사신[行人]이 그 청을 억제할 수 없었고 법관[司法]은 그 죄책을 만들 수가 없었다. 그 때문에 그 아뢰는 바를 들어주고 禮 등에게 조칙을 내려 돌아가게 하였다. 만일 이제 다시 명령을 어긴다면 잘못과 허물이 더욱 드러날 것이므로 뒤에 비록 몸소 진술하더라도 죄를 벗을 수가 없을 것이니, 그런 연후에 군사를 일으켜 이들을 친다면 義에 합당할 것이다.

九夷의 나라들은 대대로 해외에 살면서 道가 창달되면 藩으로서 받들고, 은혜를 그치면 자기 境土를 보전할 뿐이었다. 그런 까닭에 속박해 묶는 일[羈]은 옛 典籍에 드러났으되 楛矢를 바치는 것[貢]은 연중 때때로[歲時] 비었도다. 경이 강하고 약한 형세를 갖추어 아뢰고 과거의 행적을 일일이 열거하였는데, 풍속이 다르고 사정도 다르니 비기고 항차 견주는 것이 적당하지 않으나 (우리의) 넓은 규범과 큰 책략의 뜻은 아직 그대로 있도다.

지금 중국[中夏]이 평정되고 통일되어 천하에 근심이 없으므로 매번 동쪽 끝까지 위엄을 높이고 국경 밖에 旌旗를 달며, 외딴 나라[偏方]에서 백성[荒黎]을 구하고 먼 지방에까지 황제의 위풍을 펴려고 하였다. (그러나) 진실로 고구려가 제 때에 (사정을) 말하였기 때문에 미쳐 정벌을 결정하지 못하였다. 지금 만일 (고구려가) 조서의 뜻을 따르지 않는다면 경이 전달해준 계책이 짐의 뜻에 합당하여 대군[元戎]이 출동하는 것도 장차 멀다고 할 수 없다. (경은) 마땅히 미리 군사를 함께 일으킬 것을 갖추어 일을 기다릴 것이며, 수시로 소식을 전하는 사신[報使]을 보내 속히 저쪽의 정황을 究明하도록 하라. 군사를 일으키는 날에 경이 嚮導의 우두머리가 되면 크게 승리한 뒤에는 또 으뜸가는 공훈의 상을 받을 것이니 또한 좋지 않겠는가. 바친 錦布와 해산물은 비록 모두 도달하지는 않았지만 卿의 지극한 마음을 밝혀주는구나. 이제 雜物들을 내리는데 別旨와 같다.

a-6. (현조는) 또 璉(장수왕)에게 조서를 내려 邵安 등을 (백제로) 호송하게 했다. (그러나) 安 등은 고구려에 이르자 조서를 내려 璉은 옛적에 餘慶(개로왕)과 원수진 일이 있다고 하면서 동쪽으로 지나가지 못하게 하였다. 安 등은 이에 모두 돌아왔다. 그러자 곧 조서를 내려 이를 준절히 책망하였다. 뒤에 安 등으로 하여금 東萊로부터 바다를 건너가서 여경에게 璽書를 내리고 그의 정성과 절조를 포상하게 했다. 安 등이 바닷가에 이르렀으나 바람을 만나 떠다니다가 끝내 도달하지 못하고 돌아갔다. 왕은 고구려 사람이 누차 변경을 침범하므로 魏에 表를 올려 군사를 청했지만 따르지 않자, 왕은 이를 원망하여 드디어 조공을 끊었다.[41]

41 『三國史記』권25, 개로왕 18년. "十八年 遣使朝魏 上表曰 臣立國東極 豺狼隔路 雖世承靈化 莫由奉藩 瞻望雲闕 馳情罔極 涼風微應 伏惟皇帝 陛下 協和天休 不勝係仰之情 謹遣私署冠軍將軍駙馬都尉弗斯侯長史餘 禮 龍驤將軍帶方太守司馬張茂等 投舫波阻 搜徑玄津 託命自然之運 遣進 萬一之誠 冀神祇垂感 皇靈洪覆 克達天庭 宣暢臣志 雖旦聞夕沒 永無餘 恨 又云 臣與高句麗 源出扶餘 先世之時 篤崇舊款 其祖釗 輕廢隣好 親率 士衆 凌踐臣境 臣祖須 整旅電邁 應機馳擊 矢石暫交 梟斬釗首 自爾已來 莫敢南顧 自馮氏數終 餘燼奔竄 醜類漸盛 遂見凌逼 構怨連禍 三十餘載 財殫力竭 轉自孱蹙 若天慈曲矜 遠及無外 速遣一將 來救臣國 當奉送鄙 女 執箒後宮 并遣子弟 牧圉外廐 尺壤匹夫 不敢自有 又云 今璉有罪 國自

魚肉 大臣彊族 戮殺無已 罪盈惡積 民庶崩離 是滅亡之期 假手之秋也 且
馮族士馬 有鳥畜之戀 樂浪諸郡 懷首丘之心 天威一擧 有征無戰 臣雖不
敏 志効畢力 當率所統 承風響應 且高句麗不義 逆詐非一 外慕隗囂藩卑
之辭 內懷凶禍豕突之行 或南通劉氏 或北約蠕蠕 共相脣齒 謀凌王略 昔
唐堯至聖 致罰丹水 孟嘗稱仁 不捨塗詈 涓流之水 宜早壅塞 今若不取 將
貽後悔 去庚辰年後 臣西界小石山北國海中 見屍十餘 並得衣器鞍勒 視之
非高句麗之物 後聞乃是王人 來降臣國 長蛇隔路 以沉于海 雖未委當 深
懷憤恚 昔宋戮申舟 楚莊徒跣 鷁撮放鳩 信陵不食 克敵立名 美隆無已 夫
以區區偏鄙 猶慕萬代之信 況陛下 合氣天地 勢傾山海 豈令小豎 跨塞天
逵 今上所得鞍 一以實驗 顯祖以其僻遠 冒險朝獻 禮遇尤厚 遣使者邵安
與其使俱還 詔曰 得表聞之 無恙甚善 卿在東隅 處五服之外 不遠山海 歸
誠魏闕 欣嘉至意 用戢于懷 朕承萬世之業 君臨四海 統御群生 今宇內淸
一 八表歸義 襁負而至者 不可稱數 風俗之和 士馬之盛 皆餘禮等 親所聞
見 卿與高句麗不穆 屢致凌犯 苟能順義 守之以仁 亦何憂於寇讎也 前所
遣使 浮海以撫荒外之國 從來積年 往而不返 存亡達否 未能審悉 卿所送
鞍 比校舊乘 非中國之物 不可以疑似之事 以生必然之過 經略權要 以具
別旨 又詔曰 知高句麗阻彊侵軼卿上修先君之舊怨 棄息民之大德 兵交累
載 難結荒邊 使兼申胥之誠 國有楚越之急 乃應展義扶微 乘機電擧 但以
高句麗稱藩先朝 供職日久 於彼雖有自昔之釁 於國未有犯令之愆 卿使命
始通 便求致伐 尋討事會 理亦未周 故往年遣禮等 至平壤 欲驗其由狀 然
高句麗奏請頻煩 辭理俱詣 行人不能抑其請 司法無以成其責 故聽其所啓
詔禮等還 若今復違旨 則過咎益露 後雖自陳 無所逃罪 然後興師討之 於
義爲得 九夷之國 世居海外 道暢則奉藩 惠戢保境 故羈縻著於前典 楛貢
曠於歲時 卿備陳彊弱之形 具列往代之迹 俗殊事異 擬況乖衷 洪規大略
其致猶在 今中夏平一 宇內無虞 每欲陵威東極 懸旌域表 拯荒黎於偏方
舒皇風於遠服 良由高句麗卽叙 未及卜征 今若不從詔旨 則卿之來謀 載協
朕意 元戎啓行 將不云遠 便可豫率同興 具以待事 時遣報使 速究彼情 師

백제 개로왕은 남조와 교류하는 상황에서 북위에 사신을 보낸데 대한 변명을 하였다. 말할 나위없이 고구려의 군사적 압박을 자력으로 타개하기 힘들자 고구려와 육속되어 있는 북위에 구원을 요청한 것이다. 그렇지만 개로왕은 궁한 상황에 직면해 청병 사신을 보낸 것은 면목이 없었다. 그랬기에 "제가 존립하고 있는 나라는 동쪽 끝에 있는데, 승냥이와 이리[豺狼]가 길을 막아, 비록 대대로 신령한 교화가 이어져 왔으나 藩으로의 (예를) 바칠 수 없었습니다"고 변명하였다. 개로왕은 자국이 지리적으로 동쪽 끝에 소재한 偏僻이라는 지리적 장애 요인을 앞세웠다. 그 다음으로는 고구려의 해상통제 때문에 조공할 수 없었다고 둘러붙였다.

개로왕은 사신단의 級을 언급하였다. 비록 북위 帝로부터 인준받지 못한 私署이기는 하지만 冠軍將軍·駙馬都尉·弗斯侯·長史 餘禮와 龍驤將軍·帶方太守·司馬 張茂라는 2명의 首席 이름을 거론했다. 가장 먼저 적혀 있는 餘禮는 扶餘氏 왕족인 동시에 駙馬都尉였기에 개로왕의 사위였다. 餘禮는 개로왕의 근친왕족인 동시에 최측근임을 알려준다. 백제 조정에서 누구보다 비중이 큰 인물이 對北魏 사신단의 수석이었다. 餘禮는 弗斯 지역의 侯로서 지역적 기

擧之日 卿爲鄕導之首 大捷之後 又受元功之賞 不亦善乎 所獻錦布海物 雖不悉達 明卿至心 今賜雜物如別 又詔璉護送安等 安等至高句麗 璉稱昔 與餘慶有讎 不令東過 安等於是皆還 乃下詔切責之 後使安等 從東萊浮海 賜餘慶璽書 襃其誠節 安等至海濱 遇風飄蕩 竟不達而還 王以麗人屢犯邊 鄙 上表乞師於魏 不從 王怨之 遂絶朝貢"

반도 지녔다. 그 뒤에 적혀 있는 張茂는 龍驤將軍·帶方太守 職이었다. 여기서 중요한 職은 용양장군이 아니라 '대방태수'였다. 당시 대방군은 한반도에서 축출되어 북중국에 移置되었다. 대방군과 낙랑군을 점거한 遼東의 張統은 다음에서 보듯이 고구려의 공격을 이기지 못해 313년에 前燕에 귀부했다.

    b. 遼東의 張統은 樂浪·帶方 2郡을 점거하고 고구려왕 乙弗利와 서로 공격하기를 몇 년을 계속하면서 풀지 못하였다. 樂浪 王遵이 張統을 달래어 그 백성 1千餘 家를 이끌고 (慕容)廆에게 귀부했다. 廆는 그를 위하여 樂浪郡을 설치하고 統으로 太守를 삼고, 遵을 參軍事로 삼았다.[42]

    b에서 보듯이 고구려는 낙랑군과 대방군을 거느린 요동의 장통을 압박하였다. 그 결과 장통은 견디지 못하고 모용외에 귀부했다. 결국 서안평을 점령한 지 2년 후에 고구려는 낙랑과 대방 주민을 거느린 장통을 前燕 영역으로 축출하였다. 그 결과 장통은 모용외의 지원으로 전연에서 낙랑군을 재건했다. 이때 재건된 낙랑군의 소재지가 遼西 義縣이었다. 그러면 고구려의 낙랑군 축출을 311년 압록강 河口 서안평 장악과 맞물려 생각해 보자. 이는 필시 海路를

---

42 『資治通鑑』권98, 建興 원년 4월. "遼東張統據樂浪·帶方二郡 與高句麗王乙弗利相攻 連年不解 樂浪王遵說統帥其民千餘家歸廆 廆爲之置樂浪郡 以統爲太守 遵參軍事"

이용한 낙랑군의 퇴로 차단으로 보인다. 고구려에 축출되기 직전 낙랑군은 압록강 이북의 요동에 소재했다가 요서 지역으로 이동한 것이다.[43]

432년에 북위가 東征할 때 北燕의 9郡 가운데 樂浪의 존재가 확인되었지만, 正光(520~525) 末에 復置되었고, 帶方縣이 樂浪郡에 復屬하였다.[44] 따라서 432~520년 사이의 낙랑과 대방은 중국사에서는 공백이었다. 그런데 반해 백제는 사신으로 파견한 대방태수를 통해 자국 내 대방군의 존재를 언명했다. 遼陽의 禰譽多가 역임한 대방주자사가 이곳과 관련 있다면[45] 요서 지역일 것이다. 그리고 대방태수 張茂는 중국인이었다.[46] 백제는 중국 출신의 대방태수를 파견함으로써 대방군에 대한 연고권을 분명히 하였다.

개로왕은 북위에 사신을 파견한 목적을 설명하기에 앞서, 禍根

---

43 千寬宇, 『古朝鮮 · 三韓史硏究』, 一潮閣, 1989, 132쪽.
    復旦大學 歷史地理硏究所, 『中國歷史地名辭典』, 江西敎育出版社, 1988, 242쪽에서는 낙랑군이 랴오닝성 義縣 北쪽으로 이동했다고 한다.
    李道學, 「樂浪郡의 推移와 嶺西地域樂浪」 『東아시아古代學』 34, 2014, 12~18쪽.

44 千寬宇, 『古朝鮮 · 三韓史硏究』, 一潮閣, 1989, 116~117쪽.

45 I章 註19 참조 바람.

46 李道學, 「漢城末 · 熊津時代 百濟 王位繼承과 王權의 性格」 『韓國史硏究』 50 · 51合輯, 1985, 9쪽; 『백제 한성 · 웅진성시대 연구』, 일지사, 2010, 197쪽, 292쪽, 311쪽.

인 고구려와의 관계를 먼저 언급했다. 양국은 근원이 부여에서 기원했기에 돈독하게 지냈다는 것이다. 양국이 서로 대등한 입장임을 환기시켰다. 그런데 고구려의 선제 공격으로 도타웠던 양국 관계가 파국에 빠졌음을 말했다. 자국이 고구려와 치열하게 격돌하는 원인을 고구려에 전가하였다. 그러면서 먼저 도발했던 고구려가 번번이 패하였고, 심지어는 고구려 왕을 전사시켜 首級을 梟首할 정도로 압승했음을 환기시켰다. 백제는 우호의 破棄者인 고구려 고국원왕을 응징했을 정도로 강성했음을 밝혔다. 고구려는 이후 강성한 백제를 감히 넘볼 수 없었다고 豪言했다.

그런데 돌연히 상황이 역전된 이유를, 북위에 쫓긴 北燕의 馮氏 잔당이 고구려에 유입된 데서 찾았다. 이로 인해 고구려가 갑자기 강성해졌다는 것이다. 그 결과 자국은 30여 년 동안 악전고투하여 재력도 고갈되고 더 이상 버틸 힘도 없음을 실토했다. 여기서 개로왕은 백제의 苦戰 요인을 은근히 북위에 두었다. 북위가 북연의 잔당을 완전히 토벌하지 않고 고구려로 도망가게 함으로써 군사적 우위에 서게 되었다고 했다. 백제와 고구려 간 우열이 역전되었다는 것이다. 현재 자국이 고전하는 배경으로 북위에도 일말의 책임을 물은 것이다. 북위는 쫓겨서 고구려로 달아난 북연 馮氏 세력의 송환을 요구했지만 고구려는 거절했다. 그럼에도 고구려를 응징하지 않은 북위를 은근하게 힐난한 것이다. 고구려 제재에 북위가 동참해야 한다는 암묵적 압박이었다. 그런 후 개로왕은 북위의 동참을 직접 요구하였다. 북위군의 파병을 통해 대고구려전에서 승전했을 경우 확보한 토지와 주민은 북위에 귀속시키겠다는 달콤한 제의를 했다.

개로왕은 저울질할 게 분명한 북위 조정을 향해 승리에 대한 확신을 심어주었다. 일차적으로 고구려는 장수왕의 폭정으로 귀족 내부가 분열되어 금방 붕괴할 것처럼 묘사했다. 그러니 북위군이 출병하면 큰 어려움 없이 승리할 수 있다는 것이다. 이 구절은 분명 과장이 섞여 있지만 거짓만은 아니라고 본다. 471년에 고구려 귀족들의 집단적인 북위 망명[47] 역시 이러한 분규의 여파와 무관하지 않기 때문이다. 고구려 귀족인 高肇와 高崇의 북위 망명도 이때쯤으로 생각해도 크게 틀리지는 않다. 이들은 북위로 망명한 후 田宅과 官爵을 사여받는 등 상당한 대우를 받았다. 망명 전 고구려 귀족 사회 내에서 차지했던 위상을 헤아릴 수 있다.[48]

왕권과의 갈등에서 야기된 고구려 귀족의 망명 행선지는 북위뿐만 아니라 백제에도 미쳤다. 고구려에서 백제로 망명했다가 다시 왜로 건너가 일본 難波藥師의 비조가 된 德來를 꼽을 수 있다.[49] 덕래가 고구려에서 적국인 백제로 건너간 시기는 정확히 알 수 없다. 다만 雄略 연간(457~479)에 왜국에 초빙된 사실을 주목할 때 귀족 세력의 이탈이 극심했던 장수왕대 일로 간주된다. 이처럼 지배 중

---

47 『魏書』 권7, 延興 원년 9월 조. "高麗民奴久 等相率來降 各賜田宅"

48 徐永大, 「高句麗 平壤遷都의 動機」 『韓國文化』 2, 1981, 127쪽.

49 『續日本紀』 권20, 天平寶字 2년 조.

사진20. 북위 수도였던 지금의 중국 산시성 다퉁에 소재한 윈강雲崗 석불.
　　　국력의 규모를 실감시켜주는 거대 불상이다

심체로부터의 이탈과 같은 고구려 귀족들의 거듭된 동요는, 고구려
왕권의 불안정한 상황을 뜻한다.[50]

　개로왕은 북위군이 승리할 수밖에 없는 두 번째 요인을 거론했
다. 먼저 고구려에 망명한 북연 잔당인 馮氏가 항복한다는 것이다.
풍씨는 당초 북위에 항복했어야 할 무리들이었다. 북위가 침공하면
이들은 마치 '鳥畜之戀'의 이치처럼 항복할 수밖에 없고, 고구려 영

50　李道學, 『백제 한성·웅진성시대 연구』, 일지사, 2010, 184쪽, 293~
　　294쪽.

역 낙랑 諸郡들은 '首丘之心'을 지녔기에 역시 귀순한다는 것이다. 이 구절 역시 북위군의 참전을 유도하기 위한 언사임은 자명하다.

개로왕은 북위가 소탕하지 못한 북연 잔당과 중국 군현 유민들의 상존을 환기시켰다. 북위 입장에서 볼 때 고구려는 결코 異域이 아니라는 것이다. 중국 영역의 확장이 가능한 대상임을 주지시켰다. 다시 정리해 보면 고구려 장수왕의 大臣 彊族의 살육으로 인한 민심 이반, 고구려 내 중국계 세력의 호응, 백제의 군사적 협력이 뒷받침되므로, 고구려를 치면 반드시 승리한다고 부추겼다. 이상은 많은 이들이 지금까지 짚었던 분석이다.

물론 개로왕은 이 정도의 글월로 북위가 군사 행동에 나서지 않는다는 것은 예상하였다. 고구려는 북위에 가시적 위협이라는 경종을 울려주어야 했다. 개로왕은 고구려가 북위의 위협 요인임을 폭로하였다. 고구려가 겉으로는 북위의 藩 행세를 하면서 충성하는 척하지만, 몰래 남쪽으로는 劉宋, 북으로는 유목제국 蠕蠕과 손잡고 있는 이중성을 고발했다. 그러니 북위가 고구려를 치지 않으면 반드시 後患이 된다고 경고하였다. 그러면서 백제 서해 도서에서 수습한 북위 사신들로 보이는 시신들의 복장을 통해 살해 혐의를 고구려에 두었다. 이 역시 고구려에 대한 적개심을 고취시켜 북위의 출병을 유도하려는 의도였다. 개로왕은 海域에서 수습한 鞍裝을 북위에 보내 확인을 시켰다.

이 件은 백제의 조작으로 보이지 않는다. 헌문제의 회신에서, 자국이 파견한 사신이 몇해 지났건만 돌아오지 않았음을 실토했기 때문이다(a-4). 헌문제가 개로왕이 보낸 안장 등을 중국 것이 아니라고 한 데는 고구려와의 사단을 피하려는 의도로 보였다. 개로왕은 북위의 출병을 유도하기 위해 여러 겹으로 고구려에 대한 적개감을 조장하였다. 게다가 물증까지 제시하는 등 치밀하게 논리를 구축했다.

그러나 고구려를 과도하게 의식한 북위의 소극적인 태도로 인해 개로왕의 의도는 무산되었다. 백제로서는 처음이자 마지막인 對北魏 조공이었다. 북위는 백제의 요청대로 고구려를 공격하지 않았다. 그로부터 3년 후인 475년 겨울, 고구려군의 강습을 받아 백제는 거의 망하다시피했다. 물론 북위에 도달하지는 못했지만 백제가 조공품으로 준비한 '錦布海物'은 유의미한 자료였다.

2) 백제와 북위와의 전쟁

백제는 472년에 북위에 사신을 급파했지만 아무런 성과도 얻지 못했다. 그랬기에 개로왕은 "왕은 이를 원망하여 드디어 조공을 끊었다(a-6)"고 했다. 결국 백제 왕도 한성의 함락과 개로왕의 捕殺로 이어졌다. 웅진성으로 천도한 백제 조정의 북위에 대한 시각을 헤아리는 일은 어렵지 않다. 백제로서는 한성 함락의 遠因으로 북위를 지목하고도 남았을 것이다. 한성 함락에서 13년 후인 488년은 물론이고 490년(庚午年)에도 북위군이 백제를 침공했다가 패배한 사건이 다음에 보인다.

c. 이 해에 **魏虜**가 또 **騎兵** 수십만을 동원하여 백제를 공격하여 그 境界에 들어가니 牟大가 장군 **沙法名·贊首流·解禮昆·木干那**를 파견하여 무리를 거느리고 **虜軍**을 기습 공격하여 그들을 크게 무찔렀다. 建武 2년(495년 : 동성왕 17)에 모대가 사신을 보내어 표문을 올려 말하기를 "지난 庚午年(490년)에 獫狁이 잘못을 뉘우치지 않고 군사를 일으켜 깊숙이 쳐들어 왔습니다. 臣이 沙法名 등을 보내 군대를 거느리고 역습하게 해 밤에 번개처럼 기습 공격하니, 匈梨가 당황하여 마치 바닷물이 들끓듯 붕괴되었습니다. 이 기회를 타서 쫓아가 베니 시체가 들을 붉게 했습니다. 이로 말미암아 그 예리한 기세가 꺾이어 고래처럼 사납던 것이 그 흉포함을 감추었습니다. 지금 천하가 조용해진 것은 실상 사법명 등의 꾀이오니 그 공훈을 찾아 마땅히 표창해 주어야 할 것입니다. 이제 사법명을 임시로 **征虜將軍·邁羅王**으로, **贊首流**를 임시로 **安國將軍·辟中王**으로, **解禮昆**을 임시로 **武威將軍·弗中侯**로 삼고, **木干那**는 과거에 **軍功**이 있는 데다가 또 **臺舫**을 쳐서 빼앗았으므로 임시로 **廣威將軍·面中侯**로 삼았습니다. 엎드려 바라옵건대 天恩을 베푸시어 특별히 관작을 제수하여 주십시요"라고 하였다.[51]

위의 기사는 명백하고도 구체적인 문장이다. 그럼에도 백제가 격돌한 대상과 장소에 대해서는 회의적으로 간주해 왔다. 즉 백제가 해상 진출할 수 없다는 전제하에서 『남제서』의 동성왕대 북위와의 전쟁 기사(c)를 고구려와의 전쟁으로 단정하는 이들이 많았다.

---

51 『南齊書』 권58, 東夷傳, 百濟.

이와 관련해 조희승은 "중국 사서들을 신주 모시듯 하는 그들이 백제-북위관계 자료만은 외면하는 태도에 아연해질 수밖에 없다"[52]고 질타했다. 결론적으로 c 기사는 북위와의 전쟁임은 앞서 I장에서 이미 거론했기에 재론하지 않는다.

4. 맺음말

백제는 5호16국시대와 남북조시대에 북중국의 선비계 국가들과 충돌과 협력을 反復했다. 4세기 중엽에 백제는 전연과 교전하여 다수의 포로를 발생시켰다. 그럴 정도로 백제는 랴오허유역에서 그 雄姿를 드러낸 것이다. 이때 '百濟' 국호로서 어엿이 등장한 백제는 중국 사서에서는 최초였다. 그리고 이 백제의 소재지 문제를 떠나 숱한 국가들이 명멸하는 5호16국시대 동아시아의 대혼란기에 여타 유목국가군과 어깨를 나란히 했다는 사실이다. 일본 학계에서 '謎의 4세기'라고도 부르는 격동적인 시대 흐름에서 백제가 결단코 비켜나지 않았음을 뜻한다.

백제는 전연의 후신인 후연과 긴밀한 관계를 맺었다. 고구려와 사투를 벌이던 백제는 敵의 敵인 후연과 손을 잡았다. 그랬기에 후

---

52 조희승, 『백제사연구』, 과학백과사전출판사, 2002, 189쪽.

연에서 북연으로 이어지는, 이 국가 최고 지배층의 성씨인 馮氏의 존재가 백제에서 확인되었다. 이는 양국 간의 긴밀함 이상의 의미를 주고 있다. 결국 고구려-신라로 이어지는 세력과 백제-왜-후연 세력 간의 국제전이 400년 낙동강유역에서 발발했다. 고구려 步騎 5만의 대병력이 신라 구원을 명분으로 낙동강유역에 출병한 것이다. 그 틈을 타서 후연은 기습적으로 고구려 서방 700여 리의 땅을 일거에 약취했다. 이에 따라 임나가라까지 출병했던 고구려군은 급거 회군할 수밖에 없었다. 결국 광개토왕이 추진한 南征은 실패로 돌아가고 말았다. 백제와 후연이 연결된 정황은, 이 밖에도 선비계 금제 귀고리와 마구류 및 鐵鍑이 백제 지역에서 출토된 데서도 헤아려진다.

失地 회복전에 나선 고구려는 랴오허 서편까지 영향력을 확대시켰다. 급기야 고구려군은 후연의 존망을 결정할 정도로 압박해 갔다. 후연의 구원 요청을 받고 출병한 백제군은 요서에 상륙했던 것 같지만 정치 상황이 급변하자 기왕에 진출한 요서 지역을 실효 지배했으니 요서경략의 端初였다. 그리고 438년에 북위가 華北을 통일했다. 이때 백제가 설치한 요서의 진평군은 북위와 고구려 간의 완충 역할을 했던 것으로 보인다.

고구려의 남진 압박에 시달리던 백제 개로왕은 북위에 급거 사신을 파견하여 구원을 요청했다. 이때 작성한 國書는 북위측의 심리를 교묘하게 파고드는 名文으로 정평이 나 있다. 북위가 개입할 수밖에 없도록 典故와 명분, 그리고 적개심과 승리에 대한 확신을 심어주며 유인하였다. 게다가 달콤한 승전의 열매까지 제시했다. 그럼에도 상황은 개로왕의 의도대로 굴러가지 않았다. 이로부터 16년과 18년 후 백제는 북위와 2회나 격돌하였다. 그 場所와 대상에 대해서는 논의가 구구했지만 요서에서 백제와 북위 간의 충돌이었다. 백제 영역이 한반도 서남부 지역에 국한되었다면 영역을 접하지 않은 양국의 충돌 요인으로서는 해명이 어렵다.

지리적으로 격절된 것처럼 비치지만 백제는 5호16국시대와 남북조시대 북중국과 긴밀히 교류한 사실이 확인되었다. 백제는 선비계 국가들과 격돌한 적도 있었지만, 고구려와 대결하는 상황에서는 손을 잡기도 했다. 동아시아의 거대한 정치 구도 속에서 백제와 선비계 국가들과의 관계를 살필 수 있었다.

※「百濟와 前燕·後燕 및 北魏와의 關係(百濟与前燕·後燕及北魏之間的關係)」『동아시아고대학회 제64회 정기학술대회 및 학술답사(2016년 겨울)』, 중국 河南省 鄭州大學校 학술세미나, 2016.12.27;「百濟与前燕·後燕及北魏之間的關係」『中原与東北亞古代文化交流硏討會 동아시아고대학회 제64회 정기학술대회 論文提要』, 中國 鄭州, 2016.12.27

Ⅲ
중국 廣西壯族自治區의
百濟墟
탐색

1. 머리말

백제는 일본열도를 비롯한 주변 諸國에 영향을 미쳤음은 주지의 사실이다. 그러한 영향과 관련한 가시적인 지표는 백제 국호가 지명으로 잔존한 경우였다. 일본열도 내에서는 현저한 사례들이 광범위하게 확인되었다.[1] 그런데 뜻밖에도 중국의 최남단인 광시좡족자치구廣西壯族自治區 내에서 백제 관련 지명들이 남아 있어 크게 주목을 받았다. 광시좡족자치구 난닝시南寧市 융닝구邕寧區 百濟鄕 (Bwz-Ci Yangh)에 속한 百濟墟의 존재가 그것이다. 百濟鄕에서는 百濟鄕人民政府·百濟街·百濟文化站·百濟食品站·百濟旅社·百濟稅務所·百濟中學 등의 백제 관련 공공기관이나 시설 이름이 확인되었다.

이 지역이 주목받은 계기는 1996년 9월 15일 KBS 1TV 일요스페셜에서 '속 무령왕릉, 잊혀진 땅-백제22담로의 비밀' 題下로 방영하면서였다. 연구자들은 물론이고 일반인들도 새삼 백제의 존재를 중국 최남단에서 처음으로 확인함에 따라 고무되었고, 또 새로운 관심사가 되었다. 이후 이곳을 방문하는 연구자들이 속속 나왔다.

사실 광시좡족자치구 난닝시 융닝구 百濟鄕에 속한 百濟墟의 존재는 요서경략과 관련한 百濟郡의 소재지를 이곳으로 비정함에 따

---

1 李道學·이다운, 『백제의 발자취를 찾아서—일본편』, 부여군문화재보존센터, 2011.

지도9. 중국의 최남단 광시좡족자치구

라 드러난 일이었다. 백제군을 지금의 백제허로 비정한 것은, 1994
년에 발표한 필자의 논문에서였다.[2] 필자가 제공한 자료를 지니고
1996년에 KBS 1TV 제작팀이 현장을 방문함에 따라 필자는 自說
이 입증되는 정황을 똑똑히 확인할 수 있었다. 필자가 최초로 백제
군의 위치를 백제허로 비정한 이후 무려 16년이 흐른 뒤였다. 그간
말없이 경과를 지켜보고만 있던 필자는 2010년 8월 2일부터 6일
까지 해당 현장을 답사하였다. 본고에서는 필자의 현장 확인을 통
해 지금까지 제기된 백제허의 기원에 대한 몇 가지 사안을 검토하
고자 했다. 그럼으로써 백제군의 설치 배경과 백제와 중국 동부 연
안 지역과의 관계를 구명하고자 한다.

2. 百濟墟의 존재

百濟墟의 설치 배경은 백제의 요서경략에서 출발했다. 이와 관련
한 최초의 언급이 필자의 논문이었던 관계로 다음과 같이 소개한다.

> a. "백제의 요서경략설은 '百濟略有遼西 百濟所治謂之 晉平郡晉平
> 縣'(『宋書』 백제국 조)와 "百濟亦據有遼西晉平二郡地矣 自置百濟

---

2 李道學, 「4세기 정복국가론에 대한 검토」 『韓國古代史論叢』 6, 1994,
   258~259쪽.

郡"(『양서』백제국 조)이라는 기사에 근거하여 출발하였다. … 그렇다고 이 구절이 전혀 허구적인 내용이라고는 생각되지 않으므로 다른 측면에서 그 의미를 검토해 보고자 한다. … 반면 晉平郡은 泰始 4년(468)에 지금의 福建省 福州市에 설치되었다가 471년에 晉安郡으로 고쳐진 것으로 나타나고 있다(復旦大學 歷史地理硏究所, 『中國歷史地名辭典』, 1988, 708쪽). 이러한 기록이 타당하다면 백제가 航路와 관련하여 福州 지역에 설치한 진평군은, 이것을 둘러싼 劉宋과의 갈등으로 3년만에 폐지 됨에 따라, 이듬해인 472년에 백제는 유송과 대립관계에 있던 북중국의 북위와 교섭을 가진 게 아닌가 생각된다. 그러나 이와는 달리 진평군은 '晉平, [縣名]晉置 屬廣州鬱林郡 南宋·南齊因之 今闕當在廣西境'(劉鈞仁, 『중국역사지명대사전』 2, 1980, 832쪽)이라고 하였으므로, 廣西自治區 내의 蒼梧縣 일대가 된다. 그리고 百濟郡은 '百濟, [地名]在廣東欽縣西北百八十里 有墟 爲奧桂 二省交界處'(앞책 3, 1396쪽)라고 하였는데, 마찬가지로 광서자치구 내가 된다."[3]

위의 인용에 따르면 백제의 요서경략은 현실적으로 타당성이 희박하다고 판단했다. 실제 "백제의 요서군 설치는 실체가 분명하지 않다. 왜냐하면 요서 지역은 이른바 새외민족의 중국 본토로의 진출과도 관련 깊은 지역이므로, 역사적으로 매우 중요하였음에도 불구하고 여타의 문헌에서 백제의 요서군 설치와 관련하여 일언반구

3　李道學, 「4세기 정복국가론에 대한 검토」 『韓國古代史論叢』 6, 1994, 258~259쪽.

비치지 않고 있다는 것은 이상하기 때문이다. 이러한 맥락에서 볼 때 『양서』 백제국 조의 요서군 기록은, 선행 사서인 『송서』의 요서경략 문구에서 案出하여 晉平郡에 이어 추가한 郡名으로 판단되므로, 그 실체는 허구일 가능성이 높다. 아니면 『남제서』에 보이는 백제 사신의 관직이 北朝 지역에서 고른 虛職에 불과 하듯이(李道學, 「百濟의 交易網과 그 體系의 變遷」『韓國學報』63, 一志社, 1991, 90~92쪽) 같은 성격의 맥락에서 살펴 볼 수도 있을 것 같다"[4]고 한 바 있다.

그렇다고 요서경략을 전면적으로 부정하기에는 기록 자체가 너무나 분명하였다. 그 대안으로 晉平郡은, 泰始 4년(468)에 지금의 푸젠성福建省 푸저우시福州市에 설치되었다가 471년에 晉安郡으로 고쳐진 것으로 나타난 기록에 주목하였다. 혹은 진평군을 광시자치구 내의 창우현蒼梧縣 일대로 비정한 기록도 언급했다. 전자는 푸단대학復旦大學 역사지리연구소에서 간행한 『중국역사지명사전』(1988)이고, 후자는 劉鈞仁이 저술한 『중국역사지명대사전(2)』(1980)에 근거한 것이다. 어떠한 기록을 취하든 간에 모두 후대의 지명사전에 근거했다는 한계가 있다. 그리고 진평군의 위치를, 푸저우시나 창우현 일대든 모두 중국의 남부 지역으로 지목했다는 공통점이 보인다. 백제군의 경우는 러우쥔런이 저술한 『중국역사지명대사전(3)』에 따르면 광둥廣東 친셴현欽縣의 서북 180里에 墟가 있다

---

4 李道學, 『백제고대국가연구』, 一志社, 1995, 112쪽.

고 한다. 백제군은 奧와 桂 즉 2省의 交界處에 터가 있다고 했으니 곧 百濟墟를 가리킨다. 百濟墟는 현재 광시좡족자치구 난닝시 융닝구 百濟鄉에 속하였다. 러우쥔런이 저술한『중국역사지명대사전⑶』의 기록과 관련한 백제군의 실체가 현지에서 확인되었다.

그러면 백제허의 기원에 대해 살펴보도록 한다. 百濟墟의 '墟'는 문자 그대로 '터'를 가리킨다. 과거에는 존재했지만 지금은 존재하지 않은 흔적을 말하는 것이다. 백제허는 쉽게 말해 백제군의 흔적인 '백제군의 터'를 가리킨다. 실제 지명사전에도 "百濟, [地名]在廣東欽縣西北百八十里 有墟"라고 하였듯이 '터가 있다[有墟]'고 했다. 그러한 '터[墟]'는 지명으로 존재하고 있음을 알려준다. 실제 백제허의 존재가 현재 확인되었다. 따라서 융닝구의 하위 행정 단위요 행정 지명인 百濟鄉은, 백제허에서 유래했음을 알려준다.

3. '百濟' 지명의 기원에 대한 검토

1) 농기구 이름 기원설

백제허의 '백제' 지명의 기원은 현장을 방문한 이들을 통해 소개되었다. 먼저 현지의 좡족壯族들은 백제허의 '백제'를 중국어의 '빠이지'와는 달리 '대박제'로 발음한다는 것이다. 대박제는 곧 '대백제'를 가리키는 것으로 해석하였다. 이 같은 영광스러운 호칭으로 미루어 볼 때 이곳은 옛 백제군의 한 도읍지로 보이는 동시에 흑치상지의 조상이 왕으로 봉해진 흑치국의 도읍지로 간주하기도 했다.[5] 주목할 만한 견해였기에 현지에서 쫭족들의 '백제' 발음을 확인해 보았다. 초등학교 교사 출신인 羅能承(79세)은 백제를 쫭족어로 '박자이'로 발음한다고 했다. 백제허는 쫭족어로 '박자이 파이'로 발음한다고 하였다. 쫭족어에서 '백제'를 '대박제'로 읽는 경우는 없다고 한다. 複數의 쫭족인을 통해 확인했다. 이와 관련해 백제 지명의 기원에 대한 다음과 같은 이견이 제기되었다.

> b. 그런데 이 옹녕구에는 '백제우(百濟圩)'에 대한 설명이 있다. 여기서 말하는 '백(百)은 장족(壯族)의 말로 구(口)를 의미하는 것이며, '제(濟)는 이두(犁頭), 곧 얼룩소 머리나 여두(犁頭), 곧 쟁기머리를 뜻한다고 한다. 이렇게 되면 '백제라는 단어는 장족(壯族)의 말을 한자로 표기하는 과정에서 우연히 비롯된 것이지, 실제로 우리의 백제와는 무관한 것이 된다.
> 백제향이라는 지명이 어떻게 해서 형성된 것인지에 대한 명쾌한 기록이 없는 이상 이러한 설명을 무조건 부정할 수는 없을 것이다. 다만, 문제는 백제향에 가 보면 백제라는 단어가 '백제향'으로만 사용되는 것이 아니라 '백제가(百濟街)', '백제문화원[百濟文化站]', '백제식품점[百濟食品站]', '백제려사(百濟旅社)' 등 곳곳에서 보인다는 사실이다. 이렇게 백제라는 단어가 여기저

---

5 蘇鎭轍, 「나의 廣西 '百濟鄕' 방문기」『白山學報』 64, 2002; 『百濟武寧王の世界 海洋大國 大百濟』, 東京, 彩流社, 2007, 205~215쪽.

기에서 찾아지는 것은 단순히 장족(壯族)의 말을 한자로 옮기는 과정에서 우연히 나타난 현상이 아니라 무언가 백제와의 관련성을 암시한다고 보는 것이 자연스러워 보인다.[6]

위의 인용을 보면 쫭족어에서 '백제'는 '口犁頭' 즉 '입·얼룩소머리'나 '입·쟁기머리'를 가리킨다고 한다. 쫭족어에서 백제 발음인 '박자이'의 '박'은 '口'의 뜻을, '자이'는 '얼룩소머리'나 '쟁기머리'를 가리킨다는 것이다. 그렇다면 '박자이'는 2개 단어의 조합이 된다. 그런데 '입·얼룩소머리'나 '입·쟁기머리'에서 보듯이, 쫭족어 '박자이'에 대한 풀이는 하나의 개념을 지닌 단어로 해석하기에는 주저하게 한다. 억지 조합에 불과하다는 인상을 주고 있다. 따라서 이 자체로는 '박자이' 단어에 대한 의미 부여를 어렵게 한다. 나아가 백제향에서 확인되는 백제 단어의 빈번한 사용은, 백제와의 관련성을 암시하는 근거로 삼았지만 당초의 의문 제기에서는 물러서고 있다. 그런데 후자의 경우는 '백제와의 관련성을 암시한다고 보는 것'보다는 '백제향'이라는 행정지명에 따른 관서나 시설 명칭에 불과한 것으로 간주하는 게 자연스럽다. 가령 부여군 관내의 부여소방서·부여우체국·부여문화원·부여중학교·부여꽃집과 동일한 사례에 속하는 것이다. 이들 지명이 백제 이래의 유서를 간직하고 있

---

6 서정석, 「중국 속의 백제, 백제향」『中國 廣西 壯族自治區 邕寧縣 백제 향 답사』, 백제문화개발연구원, 2006, 27~28쪽.

는 것은 아니었다. 이와 마찬 가지로 백제향의 백제 관련 지명도 백
제까지 기원을 소급할 수는 없다.

　　그러면 쫭족어로 '박자이'라는 지명의 기원은 무엇일까? 일단
『중국역사지명대사전(3)』에서 터[墟]가 남아 있다고 했으므로, 백제
라는 유서 깊은 지명이 전승되어 왔음을 알 수 있다. 이처럼 전승된
백제 지명이 백제향이라는 행정지명의 기원이 되었다. 그럼에 따라
관련 행정 구간에 속한 관서나 개인 시설에 이르기까지 백제를 행
정표지나 상호로 사용한 것은 지극히 자연스럽다. 그리고 '박자이百
濟'라는 3음절도 아닌, 둘째와 셋째 음절 '자이' 곧 '濟'의 쫭족어 발
음에 따른 지명 기원설은 무리가 있다.

사진21. 백제향에서의 백제 관련 기관 명패

그럼에도 '박자이'의 어원과 관련해 '얼룩소'와 '쟁기'의 존재가 音似로서 거론되었다. 얼룩소와 쟁기는 모두 耕作과 관련한 수단이다. 당시 필자는 뤄응청에게 쫭족어로 쟁기의 발음을 물어 보았다. 그러자 그는 쟁기를 '노까이'로 발음한다고 했다. 노까이라는 단어는 간과할 수 있겠지만 가만히 음미해 보면 우리 말의 '논갈이'와 대단히 흡사하다. 더구나 '논갈이'는 쟁기의 기능과 정확히 부합하였다. 이러한 맥락에서 볼 때 백제라는 국호를 행정지명으로 사용하는 백제향 일원은, 백제의 농경 문화가 이곳 쫭족 사회에 영향을 미쳤기에 백제 농기구인 쟁기의 기능과 관련한 어휘로도 남겨진 것은 아닐까 싶었다.

사진22. 백제향 거리 풍경

사진23. 광시좡족자치구 농촌 풍경

2) 풍왕의 유배지 기원설

백제향이라는 지명의 기원과 관련해 백제를 재건하기 위해 항쟁
했던 풍왕의 유배지와 관련한 설이 제기되었다. 『자치통감』과 『신
당서』 등에서 고구려의 멸망과 관련한 다음 기사와 엮어서였다.

> c. 승려 信誠을 銀靑光祿大夫로 삼고, 泉男生을 右衛大將軍으로 삼
> 았다. 李勣 이하는 賞을 내리는데 차등이 있었다. 泉男建은 黔州
> 로 유배 보냈고, 扶餘豊은 嶺南으로 유배 보냈다.[7]

---

7 『資治通鑑』 권201, 高宗 總章 원년. "僧信誠爲銀靑光祿大夫 泉男生爲右

사진24. 백제향인민정부 앞에선 필자   사진25. 백제허 농가에 있는 외디딜방아

부여풍의 유배지인 영남은 지금의 광시좡족자치구 일대였다. 그런데 위의 기사와 백제향을 엮어서 그 유래를 추정한 견해가 제기되었다. 즉 "중국 광서장족자치구의 백제향 백제허 일대에서 지금까지도 많이 사용되고 있는 '백제'라는 명칭에 주목하여, 이 지역을 백제 22담로의 한 곳이었다고 보면서 이 곳이 흑치상지의 고향이 아니었을까 추론하는 견해가 발표된 적이 있다. 그러나 이러한 해

衛大將軍 李勣以下 封賞有差 泉男建流黔州 扶餘豐流嶺南"

석은 너무 자의성이 강한 것으로 판단된다. 필자의 개인적인 소견으로는, 오히려 당나라의 포로가 되어 이곳으로 유배를 온 부여풍이 이 지역의 주민들에게 많은 영향을 남김으로써 그 결과가 오늘날까지 이 지역에 남아 있게 되었다고 받아들이는 것이 좀더 합리적인 역사해석이 아닐까 하는 생각을 해 본다"[8]는 견해이다. 즉 부여풍의 유배지였기에 '백제' 관련 지명이 이곳에 남겨지게 되었다고 했다. 그러나 다른 세계와 격절된 유배지에서 '영향'을 남긴다는 것은 유배의 기본 속성과는 거리가 있기 때문에 수긍하기 어렵다. 부여풍을 다산 정약용 쯤으로 간주하지 않고서는 나오기 어려운 발상이다.

3) 百濟墟와 그 주변 지역 탐방

현지에서 필자는 뤄응청의 도움으로 백제허 민가의 멧돌과 외디딜방아도 확인할 수 있었다. 1996년에 KBS 1TV에서 방영한 바 있었던 성황당이나 초가집 비슷한 유구는 현재 사라졌다고 한다. 여름 평균 기온이 36°인 이곳을 필자가 방문했을 때는 그다지 무덥지 않았다. 쾌적한 환경에서 탐방을 하였다. 그렇지만 백제허 주변에 团城이라는 작은 마을에 토성이 있다고 하기에 현지인을 대동하고 찾아갔을 때는 힘들었다. 团城村에서 과거에 존재했다는 土壁의 흔

---

8 양종국, 『백제 멸망의 진실』, 주류성, 2004, 182~183쪽.

적은 찾았지만 마을 주민들로부터의 傳聞에 따르면 역사가 깊은 유적은 아니었다. 지난 세기에 이곳에 군림했던 현지 土豪의 邸宅 담장이었기 때문이다. 大王灘의 경우도 저수지가 커지는 바람에 '大字'를 붙여서 생겨난 이름에 불과하다는 말을 들었다. 원래 대왕의 무덤이 있었으나 그 자리를 밀어버리고 호수를 만들었던데서 유래했다는 말은 듣지 못했다. 그 밖에 那樓墟를 비롯한 현지의 지명에 대한 쫭족어 발음을 청취하였다. 이러한 현지 조사를 통해 그간 아전인수격의 해석이 적지 않았음을 알았다.

사진26. 광시쫭족자치구 남부의 항만 도시 친저우항欽州港 풍경.
　　그 옛날 백제향 주민들은 친저우항을 이용해 바깥 세계와 교류했을 것이다

사진27. 샤오싱 越國文化博物館 뒷산인 푸산府山의 飛翼樓와 시가 전경

百濟墟의 쫭족들에게 그들의 기원을 둘었더니 선조들은 산둥성 白馬苑에서 왔다고 한다. 이러한 증언은 1996년에 KBS 1TV에서도 동일한 내용을 방영한 바 있다. 중국 최남단의 쫭족들이 산둥성에서 내려왔다는 증언은 현지 어린이들의 엉덩이에 몽고반점이 있다거나 한반도와 유사한 일부 풍속 등을 헤아려 볼 때 확실히 주목할만한 사안이었다.

광시쫭족자치구에서는 정월 보름과 단오절을 명절로 경축하고 있다. 쫭족의 민속춤인 '삼현춤'을 출 때는 춤꾼들이 둥근 원을 그리고 춤을 이끄는 남자가 삼현금으로 반주하면 그 밖의 사람들은 음악의 박자에 따라 노래하고 춤추면서 원을 줄이기도 하고 확대하기도 하며 긴 소매자락을 내 젓는다.[9] 이 춤은 『삼국지』 동이전 마한 풍속 기사에 등장할 정도로 유구한 연원을 지닌 강강술래를 연상시킨다. 좡족들은 오랜 역사를 지닌 활쏘기를 잘하였다. 그들은 소리가 나는 신호용 화살인 鳴鏑을 사용할 정도로 활 쏘기에 능숙했다. 지금도 음력설에는 민속의상을 입고 활쏘기 대회를 한다.[10]

중국 남부 지역은 최치원이 "(백제가) 吳·越을 침공했다"고 하였다. 『구당서』에서는 "서쪽으로는 바다를 건너 월주에 이르렀다"[11]고 한 백제 西界와의 연관성 때문에 주목을 받았다. 국가를 경계로 했던 동·남·북계와는 달리 서계는 월주 즉 샤오싱紹興을 적시하였기 때문이다. 그리고 백제 명장 계백이 黃山에서 "옛적에 句踐은 5천 명으로 吳의 70만 무리를 격파했다"[12]고 말했다. 계백은 越王 구천의 고사를 알고 있었던 것이다. 게다가 월주인 샤오싱 일대와

---

9   馬寅 主編, 『中國少數民族常識(選擇; 朝鮮文)』, 民族出版社, 1986, 396쪽.

10 馬寅 主編, 『中國少數民族常識(選擇; 朝鮮文)』, 民族出版社, 1986, 407쪽.

11 『舊唐書』 권199上, 東夷傳, 百濟. "東北至新羅 西渡海至越州 南渡海至倭國 北渡海至高麗"

12 『三國史記』 권47, 階伯傳. "誓衆曰 "昔句踐以五千人 破吳七十萬衆 今之日 冝各奮勵決勝 以報國恩"

한반도 서남부 지역은 절임문화를 공유하였다. 양 지역은 멀지만 가깝다는 증좌였다.

4. 맺음말–백제 요서경략의 궤적을 찾아

필자는 2010년 8월에 백제허를 비롯한 친저우항欽州港이나 越州였던 샤오싱 일대를 비롯한 남중국 답사를 통해 백제 요서경략의 궤적을 추적했다. 당초 필자는 백제가 요서 지역을 경략한 사실에 대해 반신반의했었다. 그렇기 때문에 그 대안으로 남중국, 즉 광시 좡족자치구 내에서 '백제'의 존재를 탐색했다. 결국 융닝구에서 '百濟墟'의 존재를 발견해 관련 논문을 발표했었다. 이후 필자는 百濟墟 답사 후 요서경략에 대해 다음과 같은 새로운 학설을 創案하면서 확신을 가지게 되었다.

488년에 편찬된 중국 사서 『송서』에는 "백제국은 본래 고구려와 함께 요동의 동쪽 천여 리에 있었다. 그 후 고구려가 요동을 차지하자 백제는 요서를 차지하였다. 백제가 다스리는 곳을 진평군 진평현이라고 했다"고 적혀 있다. 백제가 중국 랴오닝성의 서반부인 요서 지역에 설치한 해외 식민지인 진평군을 언급했다. 한반도를 공간적 범위로 하여 고구려와 자웅을 겨루던 백제가 무대를 바꿔 요서 지역에 진출하게 된 배경은, 양국 간의 전쟁과 역학 구도가 국제성을 띠었기에 가능한 일이었다.

신라 구원을 명분으로 400년에 고구려군 5만이 낙동강유역에 출병했었다. 이 출병도 기실은 백제의 사주를 받은 왜 세력의 신라 침공이라는 유인책의 덫에 걸렸기 때문이다. 이때를 놓치지 않고 후연이 고구려의 배후를 기습하여 서쪽 700여 리의 땅을 일거에 약취했다. 고구려의 南征은 이로 인해 실패로 돌아갔다. 당시 백제는 왜와 후연과 연계해 고구려와 신라에 맞서고 있었다. 400년 이후 고구려는 후연과 요동 지역의 지배권을 놓고 사투를 벌였다. 그렇지만 후연은 고구려에 시종 밀리고 있었을 뿐 아니라 廣寧의 숙군성까지 빼앗겼다. 심지어 지금의 베이징인 燕郡까지 공격을 받았을 정도로 수세에 놓였다. 다급한 후연이 고구려의 앙숙인 백제에 지원을 요청함에 따라 백제군은 요서 지역에 진출해 고구려의 西進을 막고자 했다. 그런데 그 직후 붕괴된 후연 정권의 후신이자 고구려 왕족 출신인 고운의 북연 정권은, 408년에 고구려와 우호 관계를 맺었다. 돌변한 상황에 후연을 지원할 목적으로 요서 지역에 출병한 백제군의 입장이 모호해졌다. 결국 백제군은 기왕에 진출한 요서 지역에 대한 실효 지배의 과정을 밟았다. 그 산물이 요서 지역의 진평군이었다.

　그러고 보면 "고구려가 요동을 차지하자 백제는 요서를 차지했다"는 구절은 정확한 기록이었다. 488년과 490년에 백제가 북위의 기병 수십만의 침공을 격퇴하고 해상전에서 승리한 전쟁은, 진평군을 에워싼 전투가 분명하였다. 따라서 요서 지역의 진평군은 화북

을 통일한 북위 정권이 들어선 이후에도 존속했음을 알 수 있다.[13]

백제의 해외 거점은 요서 지역에만 국한되지 않았다. 이에 대해서는 필자가 숱하게 언급한 바 있다. '진평군'이나 '백제군'의 경우도 요서 뿐 아니라 산둥반도를 비롯하여 남중국, 특히 광시좡족자치구 등에 그 존재가 나타날 수밖에 없고, 또 그것은 자연스러운 현상이 아닐 수 없다. 그러한 맥락에서 필자가 2010년 8월에 탐방했던 '百濟墟'는 실로 感慨한 사안이었다.

※「中國 廣西壯族自治區의 百濟墟 探索」『위례문화』13, 하남문화원, 2010

---

13 李道學,「百濟의 海外活動 記錄에 관한 檢證」『2010세계대백제전 국제학술회의』2010세계대백제전조직위원회, 2010.10.1;『충청학과 충청문화』11, 충청남도역사문화연구원, 2010, 20쪽.

참고문헌

1. 사료

『三國史記』『三國遺事』『東文選』『龍安縣邑誌』『增補文獻備考』『宋書』「梁職貢圖」『南齊書』『梁書』『魏書』『晉書』『隋書』『翰苑』『通典』『建康實錄』『太平寰宇記』『舊唐書』『新唐書』『資治通鑑』『滿洲源流考』『日本書紀』『續日本紀』

2. 저서

申景濬, 『旅庵全書』

安鼎福, 『順菴先生文集』 『東史綱目』

李圭景, 『五洲衍文長箋散稿』

丁若鏞, 『與猶堂全書』

韓致奫, 『海東繹史』

오승은 著·홍상훈 外 譯, 『서유기』, 솔, 2019.

岡田英弘,『倭國』, 中央公論社, 1977.

국사편찬위원회,『中國正史朝鮮傳 譯註一』, 신서원(복간), 1990.

국사편찬위원회 1종도서연구 개발위원회,『고등학교 국사』, 1979.

국사편찬위원회 1종도서연구 개발위원회,『고등학교 국사』, 1982.

宮崎市定 著 · 曹秉漢 編譯,『中國史』, 역민사, 1986.

교육인적자원부,『중학교 국사』, 2002.

교육인적자원부,『고등학교 국사』, 2002.

김성호,『중국진출백제인의 해상활동 천오백년 1』, 맑은소리, 1996.

金世基,『고분 자료로 본 대가야 연구』, 학연문화사, 2003.

金毓黻,『東北通史』, 洪氏出版社, 1976.

金廷鶴,『百濟と倭國』, 六興出版, 1981.

金哲埈,『韓國古代社會硏究』, 知識産業社, 1975.

金哲埈,『韓國古代國家發達史』, 한국일보사, 1975.

故那珂通世博士功績紀念會,『那珂通世遺書』, 大日本圖書株式會社, 1915.

奈良國立博物館,『正倉院展』, 1982.

노태돈,『한국고대사』, 경세원, 2014.

丹齋 申采浩先生紀念事業會,『改訂版 丹齋申采浩全集(上卷)』, 螢雪出版社, 1987.

潭其驤,『簡明中國歷史地圖集』, 中國地圖出版社, 1991.

潭其驤,『中國歷史地圖集(第1冊 原始社會 · 夏 · 商 · 西周 · 春秋 · 戰國時期)』, 中國地圖出版社, 1996.

潭其驤,『中國歷史地圖集(第4冊 東晉十六國 · 南北朝時期)』, 中國地圖出版社, 1996.

潭其驤,『中國歷史地圖集(第5冊 隋 · 唐 · 五代十國時期)』, 中國地圖出版社, 1996.

潭其驤,『中國歷史地圖集(第8冊 淸時期)』, 中國地圖出版社, 1996.

도면회 外,『고등학교 한국사』, 비상교육, 2015.

도면회 外,『고등학교 한국사』, 비상교육, 2020.

馬寅 主編,『中國少數民族常識(選擇; 朝鮮文)』, 民族出版社, 1986.

末松保和, 『新羅史の諸問題』, 東洋文庫, 1954.

문교부, 『인문계 고등학교 국사』, 한국교과서주식회사, 1974.

박한제, 『박한제 교수의 중국역사기행3』, 사계절, 2003.

復旦大學 歷史地理硏究所, 『中國歷史地名辭典』, 江西敎育出版社, 1988.

사회과학원 력사연구소, 『조선전사4』, 과학백과출판사, 1979.

사회과학원 력사연구소, 『조선전사 4(중세편)』, 과학백과사전종합출판사, 1991.

蘇鎭轍, 『百濟武寧王の世界 海洋大國 大百濟』, 東京, 彩流社, 2007.

孫晉泰, 『朝鮮民族史槪論(上)』, 乙酉文化社, 1948.

孫晉泰, 『國史大要』, 乙酉文化社, 1949.

安在鴻, 『朝鮮上古史鑑(下)』, 民友社, 1948.

兪元載, 『增補篇 中國正史百濟傳硏究』, 학연문화사, 1995.

왕현종 外, 『고등학교 한국사』, 동아출판, 2015.

양종국, 『백제 멸망의 진실』, 주류성, 2004.

遼寧省文物考古硏究所, 『三燕文物精粹』, 遼寧人民出版社, 2002.

六堂全集編纂委員會, 『六堂崔南善全集 10』, 玄岩社, 1974.

李基白 · 李基東, 『韓國史講座(古代篇)』, 一潮閣, 1982.

李道學, 『백제고대국가연구』, 一志社, 1995.

李道學, 『새로 쓰는 백제사』, 푸른역사, 1997.

李道學, 『서울의 백제 고분, 석촌동고분』, 송파문화원, 2004.

李道學, 『고구려 광개토왕릉비문 연구』, 서경문화사, 2006.

李道學, 『백제 한성 · 웅진성시대 연구』, 일지사, 2010.

李道學, 『백제 사비성시대 연구』, 일지사, 2010.

李道學 · 이다운, 『백제의 발자취를 찾아서─일본편』, 부여군문화재보존센터,
    2011.

李道學 外, 『육조고도 남경』, 주류성, 2014.

李道學, 『분석고대한국사』, 학연문화사, 2019.

李道學, 『새롭게 해석한 광개토왕릉비문』, 서경문화사, 2020.

李萬烈, 『講座 三國時代史』, 知識産業社, 1976.

李丙燾, 『韓國古代史硏究』, 博英社, 1976.

李丙燾, 『國譯 三國史記』, 乙酉文化社, 1977.

李弘稙, 『韓國古代史의 硏究』, 신구문화사, 1971.

林壽圖, 『啓東錄』, 1879; 華文書局, 1968.

中國地圖出版社, 『中國地圖集』, 2007.

조희승, 『백제사연구』, 과학백과사전출판사, 2002.

조희승, 『조선단대사(백제사1)』, 과학백과사전출판사, 2011.

조희승, 『조선단대사(백제사2)』, 과학백과사전출판사, 2011.

井上秀雄, 『古代朝鮮』, 日本放送出版協會, 1972.

鄭寅普, 『朝鮮史硏究(下)』, 서울신문사, 1947.

池內宏, 『日本上代史の一硏究』, 近藤書店, 1947; 中央公論美術出版, 1970.

千寬宇, 『古朝鮮·三韓史硏究』, 一潮閣, 1989.

崔南善, 『六堂崔南善全集 10』, 玄岩社, 1974.

최준채 外, 『고등학교 한국사』, 법문사, 2011.

湯淺幸孫 校釋, 『翰苑校釋』, 國書刊行會, 1983.

洪以燮, 『고등국사 우리나라 문화사』, 正音社, 1959.

3. 논문 · 보고서

강봉룡, 「백제문화를 통해본 고대 동아시아 세계」 『百濟文化』 31, 2002.

강종훈, 「4세기 전반 百濟軍의 遼河 일대에서의 활동에 관한 기사의 검토」 『백제와 요서지역』, 한성백제박물관, 2015.

姜賢淑, 「考古學에서 본 4·5世紀代 高句麗와 加耶의 成長」 『加耶와 廣開土大王』, 金海市, 2003.

高偉·許莉,「연운항시 봉토석실의 조사 보고」『百濟의 中國 使行路』, 충남대학교 백제연구소, 2012.

耿鐵華,「好太王碑一千五百九十年祭」『中國邊疆史地研究』15-3, 2005.

吉林省文物考古研究所·延邊朝鮮族自治州文物管理委員會辦公室,「吉林華龍市龍海渤海王室墓葬發掘簡報」『考古』2009-6.

金庠基,「百濟의 遼西經略에 對하여」『白山學報』3, 1967.

김성한,「百濟의 遼西 영유와 '百濟郡'」『歷史學研究』50, 2013.

김세익,「중국 료서지방에 있었던 백제의 군에 대하여」『력사과학』1967-1.

박순발,「렌윈강(連雲港) 봉토석실묘의 역사 성격」『百濟의 中國 使行路』, 충남대학교 백제연구소, 2012.

朴仁鎬,「신경준」『한국의 역사가와 역사학(상)』, 창작과비평사, 1994.

박종욱,「백제의 對中國交涉航路 -고구려의 해상 차단 관련 기록을 중심으로-」『百濟學報』19, 2017.

方善柱,「百濟軍의 華北 進出과 그 背景」『白山學報』11, 1971.

徐永大,「高句麗 平壤遷都의 動機」『韓國文化』2, 1981.

서정석,「중국 속의 백제, 백제향」『中國 廣西 壯族自治區 邕寧縣 백제향 답사』, 백제문화개발연구원, 2006.

成正鏞,「大伽倻와 百濟」『大加耶와 周邊諸國』, 학술문화사, 2002.

蘇鎭轍,「나의 廣西 '百濟鄉' 방문기」『白山學報』64, 2002.

申奭鎬,「解題」『국역 증보문헌비고』, 세종대왕기념사업회, 1980.

양종국,「의자왕 후손 찾기」『대백제, 백제의 숨결을 찾아서』, 부여군문화재보존센터, 2009.

兪元載,「中國正史 '百濟傳' 研究」『韓國上古史學報』4, 1990.

兪元載,「백제의 요서영유(설)」『한국사 6』, 국사편찬위원회, 2003.

윤용구,「백제 '요서진출설'의 문헌적 검토」『백제와 요서지역』, 한성백제박물관, 2015.

李道學, 「漢城末·熊津時代 百濟 王位繼承과 王權의 性格」『韓國史研究』50·51 合輯, 1985.

李道學, 「高句麗의 洛東江流域 進出과 新羅·伽倻經營」『國學研究』2, 1988.

李道學, 「百濟의 交易網과 그 體系의 變遷」『韓國學報』63, 一志社, 1991.

李道學, 「4세기 정복국가론에 대한 검토」『韓國古代史論叢』6, 1994.

李道學, 「龍飛御天歌의 世界」『문헌과 해석』3, 태학사, 1998.

李道學, 「高句麗와 百濟의 對立과 東아시아 世界」『高句麗研究』21, 2005.

李道學, 「漢城 陷落 以後 高句麗와 百濟의 關係 -耽羅와의 關係를 中心으로」『전통문화논총』3, 2005.

李道學, 「梁職貢圖의 百濟 使臣圖와 題記」『百濟文化 海外調査報告書 6』, 국립공주박물관, 2008.

李道學, 「百濟의 海外活動 記錄에 관한 檢證」『충청학과 충청문화』11, 충청남도 역사문화연구원, 2010.

李道學, 「百濟의 起源과 慕容鮮卑」『충북문화재연구』4, 충청북도문화재연구원, 2010.

李道學, 「시론-백제의 요서경략을 역사에서 지우려하지 마라」『서울신문』2010.10.22.(31면).

李道學, 「윤명철, '해양사연구방법론'(학연문화사, 2012)에 대한 서평」『고조선단군학』28, 2013.

李道學, 「「廣開土王陵碑文」에 보이는 '南方'」『嶺南學』24, 2013.

李道學, 「樂浪郡의 推移와 嶺西地域樂浪」『東아시아古代學』34, 2014.

李道學, 「南滄 孫晋泰의 韓國古代史 敍述과 認識」『고조선단군학』31, 2014.

李道學, 「백제의 요서경략과 중·고등학교 한국사 교과서의 기술」『한국전통문화연구』15, 한국전통문화대학교, 2015.

李道學, 「古代 韓·蒙 間의 文化的 接點」『한·몽 관계의 역사와 통북아 지역의 협력』, 주몽골내한민국 대사관·국제울란바도르 대학, 2019.7.4.

李道學, 「신민족주의 역사학의 서술과 역사 인식의 교과서 반영 검증 -백제 건국 세력의 계통과 요서경략을 중심으로」『단군학회 2020년 가을 학술회의 발표논문집』, 단군학회, 2020.11.7.

李成珪, 「김상기」『한국의 역사가와 역사학(하)』, 창작과비평사, 1994.

李成制, 「高句麗 千里長城에 대한 기초적 검토」『嶺南學』25, 2014.

李弘稙, 「梁職貢圖論考 -특히 百濟國 使臣 圖經을 중심으로-」『高麗大60周年紀念論文集(人文科學篇)』, 1965.

張學鋒, 「江蘇連雲港'土墩石室'遺存性質芻議」『東南文化』2011-4.

田中俊明, 「百濟と北齊」『東アジア〈牛島空間〉-山東半島と遼東半島』, 思文閣出版, 2003.

丁謙, 「梁書夷貊傳地理攷證」『浙江圖書館叢書一集』, 浙江圖書館, 1915.

井上直樹, 「『韓曁墓誌』를 通してみた高句麗の對北魏外交の一側面 -六世紀前半を中心に-」『朝鮮學報』178, 2001.

鄭寅普, 「五千年間 朝鮮의 '얼'」『東亞日報』1936;『朝鮮史研究(下)』, 서울신문사, 1947.

朝陽市文物考古研究所, 「朝陽發現的幾座北朝墓葬」『文物春秋』2018-5, 2018.

池培善, 「고구려 광개토왕의 燕郡(北京) 침공원인에 대하여」『白山學報』83, 2009.

최진열, 「5~6세기 2개의 遼東 -北魏의 天下觀과 역사왜곡이 만들어낸 고구려의 요동과 북위의 요동」『동북아역사논총』62, 동북아역사재단, 2018.

최진열, 「北魏의 遼西 지배와 그 성격」『東洋史學研究』147, 2019.

崔珍烈, 「後燕의 代北 遊牧諸部 정책과 拓跋部의 부상-登國年間 後燕 -拓跋部 관계의 原像」『大同文化研究』107, 2019.

한스 프랑켈 · 申龍澈 譯, 「中國의 歷史敍述에서의 客觀性과 偏頗性」『中國의 歷史認識(上)』, 창작과비평사, 1985.

和田博德, 「百濟の遼西領有說について」『史學』25-1, 三田史學會, 1951.

찾아보기

ㄱ

岡田英弘 오카다 히데히로 80, 109,
    111

蓋鹵王 개로왕 4, 5, 10, 80, 96, 123,
    140, 151, 157, 162, 164,
    167~171, 174, 175

建康實錄 건강실록 29, 31

啓東錄 계동록 42, 83, 86

階伯 계백 12, 193

高句麗 고구려 4~11, 13, 23, 26, 29,
    31~36, 40, 46~48, 50~51,
    53, 54, 56~59, 62, 63,
    65~68, 70~75, 78~82, 84,
    86~87, 89~91, 93, 94, 100,
    101, 103~105, 108~114,
    117~120, 123, 133, 139,
    140, 143~146, 149~162,
    164~175, 188, 194~195

高雲 고운 155, 195

광개토왕릉비문 10, 91, 104, 110,
    136, 144, 152, 153

廣西壯族自治區 광시좡족자치구
    178, 179, 183, 189, 192,
    194

廣寧 7, 8, 42, 63, 83, 84, 86, 88,
    154, 195

교과서의 요서경략 16, 20, 131

舊唐書 구당서 12, 40, 91, 92, 117,
    130, 131, 193

近仇首王 근구수왕 53, 56, 57

近肖古王 근초고왕 45, 52, 58, 60,
    75, 101, 133

금제 귀고리 120, 147, 148, 174

錦州 7, 8, 83, 84, 86, 88, 99

金富軾 김부식 15, 92

金庠基 김상기 49, 58~60, 77

김세익 23, 70, 71, 77

金毓黻 진위푸 45, 54, 77, 89, 99

金廷鶴 김정학 68, 77

金哲埈 김철준 53, 61, 77, 134, 138

ㄴ

羅能承 뤄응청 184, 187, 190

那珂通世 나카 미치요 49, 50, 54, 77

樂浪 낙랑 5, 6, 23, 33, 34, 45, 46,
   66~68, 70, 165, 166, 170

樂浪郡 낙랑군 46, 67, 165, 166

難元慶墓誌 난원경묘지 31

洛陽 뤄양 115, 116

難氏 난씨 31, 106

灤河 난하 9, 56, 93

南史 남사 24, 43, 44, 47, 48

南朝 남조 9, 10, 28, 36, 50, 54,
   64, 74, 75, 78, 79, 81, 93,
   94, 96~100, 110, 111, 117,
   133~135, 140, 142, 150,
   156, 164

南朝系 史書 남조계 사서 50, 89, 96

南齊 남제 36, 39, 61, 78, 97, 111,
   181

노태돈 77, 89

ㄷ

段氏 106

潭其驤 14

大同 다퉁 115, 116, 157, 169

臺舫 27, 28, 117~119, 172

島夷 98

東萊 157, 162, 164

東萊路 157

동성왕 27, 60, 64, 78~80, 101,
   109, 111, 112, 117, 118,
   156, 172

東鯷人 동제인 121

東晉 동진 5, 45, 48, 52, 55, 61, 63,
   71, 74, 75, 83, 96, 101,
   105, 133, 154

東靑州 28, 36~39, 60, 124

登州 51

ㄹ

喇嘛洞 라마동 106, 147

來夷 22, 23

萊州 51, 114, 157

柳城 8, 40, 49, 71, 83

ㅁ

馬韓 마한 22, 23, 72, 74, 102, 121, 123, 124, 129, 193

馬鐸 106, 107

滿洲源流考 만주원류고 43, 83

慕容鮮卑 모용선비 50~52

文獻備考 문헌비고 42, 47

文獻通考 문헌통고 40, 41, 47, 49, 91

민족주의 사학 14, 50, 57, 138

ㅂ

박자이(百濟) 184~187

方善柱 방선주 61, 77

百濟 백제 4~14, 20, 22~83, 86, 88, 90~93, 96~106, 108~120, 123~125, 127~157, 164, 167, 168, 170~174, 178, 180~190, 193~196

百濟郡 23~25, 29, 31, 34, 44, 56, 57, 61, 64, 74, 83, 99, 155, 178, 181

백제인 11, 12, 36, 46, 49, 72, 73, 114, 120, 125, 127, 128, 130, 132, 150

百濟鄕 백제향 184~189, 191

百濟墟 백제허(박자이 파이) 180, 183, 184, 189, 190, 194

福州 푸저우 64, 182

夫餘 부여 25, 35, 43~45, 48, 50, 51, 66, 132, 138, 158, 167

부여족 132

北京 베이징 8, 71, 72, 83, 85, 154, 195

北史 북사 38, 54, 84, 85, 94, 96

北魏 북위 5, 8, 10, 11, 29~31, 35, 36, 39, 42, 44, 55~58, 64, 67, 71, 72, 78~84, 86, 89, 90, 92~96, 98, 100, 102, 109~112, 115~118, 120, 123, 140, 142~144, 151, 155~157, 164, 166~175, 181, 195, 196

北魏軍 북위군 35, 49, 60, 67, 100, 117~119, 140, 143, 167~170

북위 기병 117

北燕 북연 13, 63, 64, 106, 139, 155, 156, 167, 169, 170, 174, 195

北朝 북조 8, 9, 71, 75, 84, 86, 93,
　　98, 99, 105, 142, 143, 151

北朝系 史書 북조계 사서 9, 54, 56,
　　71, 78, 79, 89, 93~100,
　　120, 135

北平 7, 8, 24, 40, 41, 49, 58, 83,
　　85~87

北票 베이퍄오 8, 83, 147

人

사이비 역사학 13, 139

山東 산동 51, 59, 60

山東半島 산둥반도 132, 157, 196

三國史記 삼국사기 8, 67, 68, 78,
　　89~92, 111, 120, 136

三國遺事 삼국유사 89, 91, 136

三燕 삼연 8, 147

上太師侍中狀 상태사시중장 30, 58,
　　62

紹興 샤오싱 12, 121, 122, 124,
　　129, 131, 192~194

손영종 73

孫晋泰 손진태 14, 21, 56, 57, 77,
　　138

宋書 송서 4~6, 22, 28, 32~34, 49,
　　51, 53, 55, 58, 62, 67~70,

　　74~76, 80, 87, 95, 97, 133,
　　135, 140, 180, 182, 194

宿軍城 숙군성 154, 195

順穆皇后 墓誌石 순목황후 묘지석
　　48, 83

西晉 서진 26, 50, 52, 74, 100, 106,
　　109, 142, 147~149, 156,
　　173~175

鮮卑 선비 148, 149, 174

鮮卑系 馬具 선비계 마구 39, 40,
　　42, 46, 77, 90, 138

申景濬 신경준 40, 91, 92

新 · 舊唐書 신 · 구당서 188

新唐書 신당서 11, 46, 56, 66, 81,
　　101, 103, 104, 120, 139,
　　144~146, 151~153, 156,
　　174, 195

新羅礁 신라초 121, 122, 124, 130

신민족주의 사학 14, 21, 55, 138,
　　139

申采浩 신채호 50, 52, 77

ㅇ

安在鴻 안재홍 14, 21, 55, 56, 77,
　　98, 138

安鼎福 안정복 21, 43~45, 47, 48,
　　77, 95, 100, 138

梁書 양서 6, 7, 32, 34, 49, 51, 58, 62, 66, 67, 70, 74, 91, 92, 97, 99, 133, 135, 181, 182

梁職貢圖 양직공도 5~7, 23, 24, 33, 34, 45, 62, 67, 68, 70

燕郡 연군 63, 154, 155, 195

連雲港 렌윈강 고분군 11, 12, 124, 125, 127, 128, 130

寧遠 7, 8, 83, 84, 86, 88

五胡十六國 5호16국 142, 173, 175

遼東 요동 5~7, 22~24, 26, 32~34, 40, 50, 58, 62, 63, 66, 70, 72, 74, 75, 87, 94, 154, 165, 166, 194, 195

遙領 9, 36, 81, 94

遼西 요서 62, 70, 71, 84, 103, 115, 140, 194

遼西經略 요서경략 4, 15, 20, 32, 56~58, 88, 99, 137, 138, 154, 194

요서경략 기사 4, 15, 20, 88, 138

요서경략론 4, 14, 20, 22, 73, 77, 88, 108

요서경략설 11, 20, 89, 108, 133, 135, 137, 138, 180

遼西郡 요서군 32, 41, 53, 55, 71, 72, 74, 75, 93, 181, 182

요서영유설 11, 78, 91, 92, 108, 138

遼水 요수 94, 103

遼陽 요양 31, 106, 166

遼河 랴오허 4, 8, 20, 56, 84, 86, 110, 111, 118, 154, 155, 173, 174

劉宋 유송 4, 5, 36, 80, 97, 98, 106, 140, 170, 181

閻祥富 옌샹푸 124

營州 영주 78, 83~86, 93

禰軍墓誌 예군묘지 31

禰素士墓誌 예소사 묘지 31

吳·越 오·월 12, 29, 30, 41, 58, 62, 101, 131, 193

龍安縣邑誌 112

兪元載 유원재 77, 45, 68, 109

越州 월주 12, 40, 41, 124, 129, 131, 193, 194

倭 왜 58, 101, 104, 110, 146, 150, 152, 153, 156

왜군 10, 104, 145, 153

魏 26, 44, 59, 60, 67, 75, 99, 157, 160, 162

魏軍 위군 111, 153

威德王 위덕왕 36, 39, 60, 124

魏虜 27, 35, 98, 109~111, 116, 172

魏書 위서 9, 37, 71, 81, 84, 95, 96, 98, 110, 146, 168

李道學 이도학 61, 64, 65, 77, 105, 148

李萬烈 이만열 77

李丙燾 이병도 77

李弘稷 이홍직 66~67

林壽圖 린쇼투 42, 43, 77

ㅈ

資治通鑑 자치통감 43, 50, 66, 92, 111, 188

長壽王 장수왕 74, 78, 79, 86, 90, 119, 158, 159, 162, 168, 170

鯷壑 제학 121, 123, 124

壯族 좡족 183~187, 192, 193

좡족어 184~187, 191

長·淮 장회 12, 127~129

朝陽 차오양 8, 83~86

前燕 전연 35, 44, 46, 48, 60, 71, 74, 75, 105, 142~144, 147, 165, 173

田中俊明 다나카 도시아키 37, 77

前秦 전진 26, 35, 71, 74, 75, 105

丁謙 딩챤 53, 66, 77, 129

井上秀雄 이노우에 히데오 74~76

丁若鏞 정약용 43, 47, 48, 190

鄭寅普 정인보 50~53, 99, 138

조희승 72, 73, 77, 87, 93, 105, 173

舟山群島 저우산 군도 122, 130

周書 주서 84, 85, 94, 96

池內宏 이케우치 히로시 77~80

晉 6, 23, 24, 26, 32, 34, 40, 43, 47, 53, 62, 78, 87

晉末 6, 22, 34, 50, 62, 66, 71, 82, 92, 139

晉世 44, 82, 92

晉書 진서 78, 95

晉平郡 진평군 8, 24, 41, 44, 47, 56, 58, 61, 66, 83, 99, 180~182

晉平縣 진평현 22, 66, 70, 74, 87

ㅊ

鐵鍑 철복 106

崔南善 최남선 14, 57~59, 77

崔珍烈 최진열 36, 93, 94, 96

崔致遠 최치원 12, 30, 40, 41, 101, 193

E

太平寰宇記 태평환우기 30, 31, 85

通典 통전 7, 8, 24, 31, 55, 58, 70, 71, 85, 86, 91, 97

ㅍ

平州 7, 9, 53, 81, 86, 93

馮野夫 풍야부 106, 150, 151

豊王 풍왕 188~190

馮氏 풍씨 151, 167

ㅎ

花果山 화귀산 석실분 125

韓曁墓誌 86, 93

翰苑 한원 121, 123, 129

韓鎭書 한진서 21, 39, 43, 48, 49, 77, 100, 138

韓致奫 한치윤 14, 21, 39, 41, 42, 77, 138

海東繹史 해동역사 21, 41, 49, 89

虛封 9, 36, 81, 94

獻文帝 헌문제 118, 157

獫狁 험윤 109~111

和田博德 와다 하카토코 77, 78, 80~82, 89, 91, 92, 108, 137

洪以燮 홍이섭 14, 57, 59, 60, 77, 131, 138

後燕 후연 13, 53, 63, 65, 66, 69, 95, 120, 139, 143~152, 154, 155, 174, 195

후연계 금제 귀고리 148

淮水 화이수 12, 31, 130, 142

後魏 후위 24, 25, 31, 37, 40, 41, 55, 56, 60

匈奴 흉노 109, 110

匈梨 흉리 109~111

孝文帝 효문제 24, 30, 115

• 이도학李道學

한양대학교 대학원 사학과에서 '백제 집권국가형성과정 연구'로 박사학위 취득.
연세대학교와 한양대학교 사학과 강사를 거쳐 2000년 2월부터 현재 문화재청에서
설립한 4년제 국립대학인 한국전통문화대학교 융합고고학과 교수와 한국전통문화대
학교 역사문화연구소 소장으로 재직 중이다. 그리고 한성백제문화제 추진위원회 위
원장과 고조선단군학회 회장을 맡고 있다.
동아시아고대학회 회장, 한국연구재단 전문위원, 문화재청 고도보존중앙심의위원회
위원, 충청남도 문화재위원, 대통령표창, 한국전통문화대학교 문화유산대학 학장, 일
반대학원 원장 역임.

주요 논저 :『한국고대사의 쟁점과 과제(2017)』,『백제 도성 연구(2018)』,『가야는 철
의 왕국인가(2019)』,『분석고대한국사(2019)』,『무녕왕과 무령왕릉(2020)』,『새롭게
해석한 광개토왕릉비문(2020)』,『고구려 도성과 왕릉(2020)』,『백제 계산공주 이야기
(2020)』등 저서 30권.「『三國史記』온달전의 出典 摸索(2017)」,「三國時代의 儒學 政
治理念에 의한 統治 分析(2018)」,「伴跛國 位置에 대한 論議(2019)」,「고구려 건국세
력의 정체성 논의(2020)」,「후백제와 고려의 각축전과 尙州와 聞慶 지역 호족의 동향
(2021)」등 논문 255편.

한국고대사 최대 쟁점 **백제 요서경략**遼西經略

초판발행일   2021년 7월 10일
2쇄발행일   2022년 5월 2일
지 은 이   이도학
발 행 인   김선경
책 임 편 집   김소라
발 행 처   서경문화사
주   소   서울시 종로구 이화장길 70-14(204호)
전   화   743-8203, 8205 / 팩스 : 743-8210
메   일   sk8203@chol.com
신 고 번 호   제1994-000041호
ISBN   978-89-6062-234-0   93910

정가 18,000